自壊

ルーズベルトに翻弄された日本

長谷川熙

WAC

はじめに――裁かれるべきはアメリカだ

いったいあれは何だったのか。あまりにも不自然な事ごとが目立つ。あのころの、とりわけ日米の関係者らを覆っていた、漠としたある思想・精神状況についても追求し、もろもろの疑問を解明する一つの手掛りとしたい。

不自然な事ごととは、一九四一年（昭和十六年）の日本時間で十二月八日未明に起きた、日本海軍第一航空艦隊による当時の米准州ハワイの真珠湾基地への攻撃の「成就《じょうじゅ》」そのことと、そこに至る日米間の一連の政治激闘の経過を言う。

戦後このかた、日本の真珠湾攻撃などと、そこから始まるあの大東亜戦争（米側の呼称は太平洋戦争）について、あまたの文献が内外で著《あらわ》されたが、私が読んだ限りの大半は、ほとんど一方的に戦勝国側のアメリカを言わば善、敗戦国の日本を悪とみる、虚構でしかない一つの史観の中にすっぽり嵌《はま》ってしまっているし、そうではない観点の著作も一部を除くと、日米間が破局に至るその実相や双方の主義、思想の洗い出しは物足りない。

しかし、あの大戦争が引き起こされたそうした全体構造ではなく、日本の大艦隊が真珠湾攻撃に向っていることを米大統領フランクリン・ルーズベルト（民主党）は篤《とく》と知っていたかどうかという言わば探偵小説的な、しかし、あの戦争を性格づける決定的に重要な一要素であるこの大問題も、従来から現代史の研究界を賑《にぎ》わしてきた。

真珠湾を奇襲すべく北太平洋を隠密裡に米ハワイに向う日本の大艦隊（航空母艦六隻を含む三十隻の第一航空艦隊）の航海、接近をルーズベルトは手に取るように承知していながら、いかなる阻止の対処もせず、日本にわざと対米第一撃をさせて日本を戦争開始者、侵略者とし、自らが焦り求めていた第二次世界大戦への参戦を、それもまさしく望み通りに防衛者として可能にし得た、つまりルーズベルトは日本の真珠湾攻撃を待ち受けていたというそのことを、ぎりぎりの所まで実証的に裏付けた傑作は、これまでに少なくとも二冊が世に出ている。

一冊は米文筆家ロバート・スティネットの邦訳名『真珠湾の真実 ルーズベルト欺瞞の日々』（二〇〇一年、文藝春秋）で、もう一点は独自の調査・研究によってスティネットのこの書を、その弱点を補ってさらに凌《しの》いだと言える真珠湾攻撃研究者白松繁《しらまつしげる》の『そのとき、空母はいなかった……検証パールハーバー』（二〇一三年、文藝春秋企画出版部）である。

日本の対米英開戦については、対戦国のアメリカでも若干ではあるが、元軍関係者、歴史研究家、文筆家が、忌《いま》わしき騙し討ち国、侵略国と日本を断じる主流の公式的史観とは逆に、米ルーズベルト政権こそが対米英開戦へ謀略的に日本を追い込んだと結論づける見解、著作を戦後に発表し続けてきた。そうした所見の代表的なものが、二〇一一年、一二年に邦訳が出た歴史家チャールズ・ビーアド（一八七四〜一九四八）の邦訳名『ルーズベルトの責任――日米戦争はなぜ始まったか』上下（藤原書店）と、二〇一七年に邦訳が出た元米大統領ハーバート・フーバー（一八七四〜一九六四）の邦訳名『裏切られた自由――フーバー大統領が語る』上下（草思社）であろう。

ただ、意義深いこの両書とも、なんとしても戦争させようと米大統領ルーズベルトないしルーズベルト政権が日本を挑発し続けたその策謀をそれぞれの視点から解明することが狙いで、前出のスティネット書、白松書と違って、真珠湾攻撃へと日本の第一航空艦隊が進むその航海をルーズベルト側が追跡していたことを実証的に描こうとしたものではない。

その点でスティネット書、白松書は、あの日本時間「十二月八日」の攻撃に至る日本海軍機動部隊の航海をルーズベルト政権側がいかに終始、見事なまでに追跡し続けていたか、その実相を炙《あぶ》り、浮上させた労作としていずれにも不朽《ふきゅう》の価値がある。この関係の著作については、例によって例のごとく陰謀論、陰謀史観、歴史修正主義と反射的に嘲《あざ》けり誇《そし》る人々が日米双方にいるようだが、この両書を精読し、かつ自らこの関係を取材、勉強した私は、そうした罵《ののし》りを一蹴《いっしゅう》する。

本書では、米大統領ルーズベルトが日本の真珠湾攻撃をしっかり事前に摑《つか》んでいたことを前提に対米英戦へと日本が踏み切るまでの日米の政治激闘や、その背景をなす日米双方の国家指導層、知識層の偏頗《へんぱ》で、しかし一脈、いや大きく互いに通じ合う思想・精神状況にも解剖のメスを入れ、そして、とりわけルーズベルト米政権の側こそがあの戦争を引き起こした直接の責任、罪科を問われ、裁きを受けなければならないという歴史の実相を明確にした。

物事を見通せなかった日本は、ルーズベルト政権によって米英への開戦に追い込まれ、それによって、ナチス・ドイツに敗北しかかっていたイギリス、そしてソ連、加えて四年五カ月にわたって日本軍と戦い、仮首都の重慶《じゅうけい》に移っていた、行政院長・蔣介石《しょうかいせき》の中華民国国民政府、さらにこの事態に苛立ち、危機感を募《つの》らせていたかに見えるルーズベルトその人、これら四者がみな、一挙に救われたのである。

米英に開戦し、いわゆる南進をした日本は、北進をして同盟国ドイツが激戦中のソ連を討つことはなく、一方、日本から攻撃したので、日本の同盟国ではあるが対米参戦の義務はなかったのに、ナチス・ドイツ、イタリアも対米宣戦し、それによってルーズベルト米政権も対枢軸戦、つまり日独伊三国同盟側との戦争に大手を振って堂々と参加でき、従ってイギリス、ソ連などの反枢軸国側を、その巨大な生産力によって存分に助けられるようになった。太平洋、アジア、北アフリカ、欧州などでの直接の戦闘行為のほか、もはや無制限と表現するほかない膨大な軍需物資などの供給は、反枢軸側の勝利に決定的な寄与をした。反枢軸国へのアメリカの軍需物資援助は、日本の対米英開戦の前から、一九四一年三月十一日成立の武器貸与法（レンド・リース法）によって始まっていたが、日本の対米英開戦によって第二次大戦へと言わば蹴り込んでもらえた米国は、もはやためらうことなく武器貸与法を存分に活用できた。

対米英開戦という日本の一つの行動が世界の状況を、世界史の進行を完全に一変させたのである。その経緯を本書はありのまま記していく。第一部では第二次世界大戦の中の太平洋、アジア方面の戦争である日本対米英などとの大東亜戦争に至る経緯を中心に、第二部でこの日本と米英の対決における諜報戦の実態を、第三部で日米双方の側の思想状況を記述する。

（当書では敬称を省略する。「枢軸国」とは、一九四〇年九月二十七日に締結された日本・ドイツ・イタリアの三国同盟の側を、反枢軸国とは米英などいわゆる連合国側の国々を指す。第二次世界大戦の中の日本対米英などの戦争の名称を日本政府は対米英開戦の四日後の一九四一年十二月十二日付で「大東亜戦争」と決めた。一方、日本敗戦後の一九四五年十二月十五日付で日本占領の連合国軍総司令部（ＧＨＱ）は、「大東亜戦争」の使用を禁止した。そのために日本でも米側での通称の「太平洋戦争」が一般的に使われるようになったが、本書では適宜、さまざまな名称を使っている。また一九三七年七月七日から始まった当時の中華民国国民政府側と日本の宣戦なき事実上の日中戦争は当時「支那《しな》事変」と呼ばれていたので、本書でもその呼称を使っている場合がある。また、アジア大陸東部の漢民族がほぼ主力の一帯は支那と通称されていたので、その方面に関してはこの名称を用いる場合がある。なお本書の第一部は、出版社のワックの雑誌『歴史通』の二〇一七年一月号に掲載された拙論「真珠湾『奇襲』ルーズベルトに操られた日本　序章」にほぼ論考の基礎を置くが、その論述を根本から書き直し、さらに第二部、第三部などを新たに書き下ろしたものである）。

自壊——ルーズベルトに翻弄された日本

◎目次

はじめに――裁かれるべきはアメリカだ　I

第一部　好戦主義者・ルーズベルトに翻弄された近衛文麿　11

泳がされた日本人スパイと狙い撃ちされたスパイ／「国士」を攻撃してほしかった／近衛・グルー会談の〝謎〟／給仕した愛人の証言／余りに過酷な対日挑発／陸軍も避戦を求めていた／近衛は日独伊三国同盟を廃棄した？／失態か上策か……／首脳会談を恐れた米国／ルーズベルトは「間抜ケ」に非ず／英ソ支援に焦る米国／ルーズベルト曰く「私は戦争を起こす」／さらなる挑発としての「ハル・ノート」／歴史の奸計／日本海軍は素人集団だった／嶋田繁太郎は優れた軍政家だった／インド洋以西に進撃しなかった愚／ドゥーリットル東京奇襲が英国を救った／うやむやにされた〝騙し討ち〟の責任者追及／野村大使は更迭するべきだった！

第二部　日本陸海軍の「インテリジェンス」は破綻していた　95

「エコノミスト」と「ゾルゲ」／「ハル・ノート」に逆上した日本の情報戦略の拙さ／日本海軍の腐敗現象／敵潜水艦に見張られていたのではないか？／暗号解読とスパイ網を究明する術もないのか／歴史に残る労作／三論点の決着はついている／戦艦は囮でしかなかった／北太平洋を〝空白状態〟にした理由とは？／米哨戒機は飛んだのか？／「森村」→「赤城」に至る情報を米側はどう見たか／アメリカは「エトロフ」を知っていた！／ハットンは何を見、何を隠したのか／「日本を破滅に追い込んだスパイ」とは／無視された小野寺情報／瀬島龍三と大島浩

第三部　米内光政という〝平和主義者〟の虚像を剥ぐ　161

鼠をなぶる猫の愉悦／日本嫌いのホーンベック／「大東亜戦争」を欲したスターリン／親ソの海軍、反ソの陸軍／米内光政は何故被告にされなかったのか／支那事変拡大の最大の責任者／多田駿と米内光政の対立／海軍「平和派」三羽烏（米内・山本・井上）の謎／風見章に対する多田駿の孤立／近衛首相、広田外相を煽ったのは誰か／多田陸相案を拒んだ昭和天皇の〝明治憲法違反〟／米内はソ連で何をしていたのか／米内は日本を滅したかったのか／北進か、南進か――陸軍中央

部の葛藤／首尾一貫して実行された革命化路線／道化的な存在／共産主義者・松本慎一の「大東亜戦争肯定論」／近衛上奏文の警告／戦争目的は〝西洋追放〟だったか

おわりに――昭和、平成の世に、岩瀬忠震がいないことを惜しむ　242

愚鈍だった日本指導部。そしてその後も……／「自主決定」の衝撃／「東西ドイツ統一はありえない」と明言した外務省高官／自衛隊出動を躊躇させた防衛官僚の妄言／「騙し討ち」の責任を追及せず／顕彰すべきは「岩瀬忠震」である

参考資料・文献一覧　270

装幀／須川貴弘（ＷＡＣ装幀室）

第一部

好戦主義者・ルーズベルトに翻弄された近衛文麿

泳がされた日本人スパイと狙い撃ちされたスパイ

米ハワイ州オアフ島の真珠湾の辺りを私は二〇一六年四月に、歩いた。州都ホノルルの日本総領事館からそう遠くない高台の日本料理屋「夏の家《なつや》」にも足を運び、そこで寿司を握ってもらった。材料もいいのか、なかなか旨かった。

太平洋最大の米海軍基地と思われる真珠湾を私がじっくり観察したのはこれで三度目だが、このたびのハワイ取材は、高台の「夏の家」からの真珠湾俯瞰《ふかん》を自分の目で実際に試してみるのが、一つの目的だった。

間違いなく、この料理屋の二階からは、全容ではないが真珠湾の諸艦艇が肉眼でもけっこうよく見えた。

戦前、この料理屋は「春潮楼《しゅんちょうろう》」と呼ばれ、改修前の店が今と同じ場所に建っていて、当時は二階の座敷に望遠鏡が備えてあった。見晴らしの良い傾斜地なので飲食客へのサービスのつもりだったのだろう。しかし戦後、本人の著作などによって真珠湾攻撃の前夜のハワイでのその諜報活動がよく知られるようになった在ホノルル日本総領事館員「森村正」、実は日本海軍予備役《よびえき》少尉の吉川猛夫《たけお》（海軍兵学校卒第61期）がこの望遠鏡を、観光というより真珠湾内の米艦艇の動向を探るために繁《しげ》く使っていたことが判明している。

真珠湾方面への視界は今は、一本の木にややさえぎられているが、この木も当時は無かったか低かったようで、「森村」にとってこの料理屋の二階は、その使命を成し遂げるのに正に誂《あつら》え向きの場所の一つだったと思われる。もちろん彼は、立ち入れる限りの真珠湾基地一帯にも身を潜《ひそ》めるなど、驚嘆するほど精密な各種艦艇の停泊位置、その行動状況など、真珠湾攻撃の第一航空艦隊が渇望する情報を次々と日本、つまり本国へ総領事館を通し、従って外交暗号で電報した。海軍の作戦・用兵の最高機関の軍令部からその情報が洋上の第一航空艦隊へと、今度は海軍暗号で無電され、同艦隊を大いに助けていた。が、戦後に情報開示された米側の資料によれば、「森村正」の正体は、在ホノルル日本総領事館への「森村」派遣の外務省人事を知った米関係当局にすぐ疑問を持たれ、日本の対米英開戦の八カ月と十日ほど前の一九四一年三月二十七日に彼が日本郵船の新田丸でホノルル港に到着したその時から戦争勃発でこの「森村」を含む日本総領事館員の身柄が総領事館内に拘束されるまで、米側に言わば泳がされていたのである（在ホノルル日本総領事館内に拘束された館員たちはさらに米本土の収容所に移送され、一九四二年八月に、別に抑留されていた他の在米邦人と共に交換船で横浜港に着いた）。

これも戦後の米側の情報開示によれば、日本の外交暗号は、対米英開戦の前年一九四〇年（昭和十五年）の秋までには米側にまず完全に解読されていたので、真珠湾の米艦艇に関していかなる情報が、「モリムラ」の着任後にホノルルの日本総領事館から本国に送られているか米側は、本書の第二部でも見るようによく承知していた。しかし米側は、「モリムラ」を全く自由にさせていた。これは逆に「モリムラ」を使って日本へと米艦艇の様子を諜報させ、日本海軍の関心を真珠湾へと向け続けさせ、日本に真珠湾での対米第一撃をさせて、アメリカが対枢軸戦に、つまり日本・ドイツ・イタリアの三国同盟の側との戦争に自動的に参戦し得る状態をつくり出そうとしたのであろうと、私は推察する。

米本土、なかでも太平洋に面した西海岸では日本の海軍関係者への警戒が非常に厳しく、多少の情報収集活動でも逮捕され、即時帰国の条件づきで釈放されたりしていた。

戦争直前期に米プリンストン大学院に留学し、引き続いて駐米海軍武官補佐官を務め、対米英開戦の翌年に交換船で帰国した海軍情報畑の実松譲《さねまつゆずる》（海兵第51期）を私はかつて繰り返し自宅に訪ね、取材したことがある。その時のノートや、同氏が書いた『日米情報戦』（二〇〇九年、光人社）に基づくと、日本海軍関係者に対する米側の監視、追及が戦争直前期はいかに凄まじかったかがよく分かる。あの時期、日本海軍は米西海岸のロサンゼルスに立花止中佐《たちばないたる》（海兵第52期）、シアトルに岡田貞外茂《さだとも》少佐（同第55期、戦前の岡田啓介首相の長男、一九四四年末、フィリピン・マニラ上空で戦死）を情報要員として駐在させた。対米英開戦の半年ほど前の一九四一年五月末に岡田は要務で立花に会うためにシアトルから車で南下中に、制限速度内だったのに警官からスピード違反を理由に停車を命じられ、加えて無根の麻薬所持の疑いで手錠をはめられ、警察署に留置された。結局、間もなく釈放されたが、ロサンゼルスに近づいたころ、またも停められ、今度は旅券を調べる名目でまた留置された。つまるところ、留置中に米側は岡田の持物、車内を徹底的に調べ、暗号書か何かを見つけようとしたのだろう。

一方、立花は、米海軍に関する情報を売り込もうとした米側の囮《おとり》に引っ掛って米連邦捜査局（ＦＢＩ）に逮捕され、起訴されて裁判に付されかかった。やむをえず駐米大使野村吉三郎《きちさぶろう》（海兵第26期）が米海軍作戦部長ハロルド・スタークに頼み込み、その結果と思われるが、直ちに帰国という条件で立花は釈放された。

その他にも、日本海軍の駐在者を米側が狙った事件が米東海岸でも起きている。駐在武官とか駐在武官補佐官は外交官身分なので国際法での治外法権が適用されているが、たとえ公務での在米であろうと駐在員には外交特権がないので、米側も狙い撃ちできたのであろうが、いかに米側が在米の日本海軍関係者を厳しく観察していたかが以上の二例でもよく分かる。

その点、真珠湾というおそらく米国としても太平洋で最重要の前進海軍基地を抱えるハワイのオアフ島で、正体を知られている「モリムラ」が全く自在に諜報活動を最後まで続けていられたのは、「モリムラ」が在ホノルル日本総領事館員という外交官身分を持っていたからでもあろうが、同時にやはり「モリムラ」を自由に泳がせ、いかなる情報が「モリムラ」から本国に送られているかを追跡していたかったからではないか。従って、「モリムラ」が仮に外交官身分ではなかったとしても、オアフ島で米側が彼をつかまえたかどうかは分からない。

「国土」を攻撃してほしかった

しかし、米側の対日諜報、謀略に関しては、これ以上の言及は第二部に譲る。ここでこの「森村」問題に触れたのは、このことにも関連して日本海軍そのものについて、そもそも根本的な疑問を抱かずにはいられないからなのだ。東京の軍令部でも、ハワイに向かう洋上の第一航空艦隊でも、残されている記録文書や関係要職者の日記、手記、回顧録などを辿《たど》る限り、米艦隊の動静に関する「森村」情報に大いに喜びながらも、やはり不思議なのは、米西海岸では日本の海軍駐在員が次々と米側に仕留められているのに、対日警戒が最も厳重なはずのハワイ・オアフ島でどうしてかくも緻密で自由自在な諜報活動が「森村」に出来たのか、との極めて初歩的な疑問の一つも発されていないことである。

一方のアメリカは、「モリムラ」の電報もそうだが、第二部でさらに例示するように、ハワイへと航空母艦六隻を含む日本の第一航空艦隊が向っているのを十分に探知しつつ、それを放置し、損害は予想外に大きかったにしても、やりたいように日本機に真珠湾を叩かせた。大戦への参入に圧倒的に反対だった米国民は激昂《げっこう》し、反戦の世論は一挙に逆の参戦支持となる。よく知られているように、日本側が宣戦布告とみなす対米覚書《おぼえがき》（最後通告文）が米側に渡されたのは、在米日本大使館の怠慢で本国の外務省の指定時刻より大幅に遅れ、日本機の米艦艇攻撃が始まったそのずっと後だった。これは歴然とした戦時国際法違反で、米国民の対日憤怒にさらに油が注がれた。日本機の奇襲は騙し討ちとなったのである。日本大使館のこの失態もあり、また真珠湾の被害も大きく、いささか薬は効き過ぎたが、三選を果たした前年の大統領選挙で戦争不参加を公約したルーズベルトにとっては今や公約破りをしないで立派に参戦できる大義名分ができたことになる。仕掛けたようにうまく事は進んだ。これがルーズベルト本人の偽らざる心境であったろうと私は推察する。本書の「はじめに」で紹介した日米双方の四著作を咀嚼《そしゃく》すれば、おのずとこの推定に行き着くが、その四書がなかったとしても、戦後の米連邦上下両院合同調査委員会の記録などに当たり、独自に調査、勉強を続ければ、以上の結論に至る。

ルーズベルトないしルーズベルト政権のこの遣り口を政治と言おうと、戦略、謀略、陰謀と呼ぼうと、いずれであっても一向にかまわないだろう。いずれも同義語のようなものである。問題は、これから本書で明確にしていくように、詰まるところ米側としては、日本をなんとしても罠に掛けて、少なくともアメリカの国土に日本から第一撃をさせたかったのである。米統治下の極東のフィリピンは米領土とは言えても米国土とはみなせない。そこの何らかの米軍事基地が日本に攻撃され、それで対日戦に入れたとしても、米議会、米国民の圧倒的な支持を得られたかどうか。しかし、やはり米本土からは遠い太平洋の真珠湾であっても、そこは何と言っても米国有数の大海軍基地であり、たとえ米本土ではなくても米准州（当時）のハワイである。米国土である。米議会、米国民の反応は、フィリピンの場合とは全く違うのではないか。そう米政権側が考えたと推測しても、別に不自然ではないだろう。

近衛・グルー会談の〝謎〟

日米間の緊張が高まっている一九四一年初春に「タダシ・モリムラ」という青年が新し

く在ホノルル日本総領事館員として、形は普通の日本外務省発令の人事としてハワイのホノルルに現れた。「モリムラ」こと吉川猛夫の著作によれば、尾行もなく本人はどこへでも自由に行けたというが、しかし、米国立第二公文書館などでのロバート・スティネットの調査によれば、「モリムラ」は直ちに米側の監視対象になっていた。以前からの総領事館事務所のほか、「モリムラ」の居宅の電話も盗聴された。日本の外交暗号は米側に解読されていたから、ホノルルに「モリムラ」が着いてからそれまでとは違う着眼の、あるいは一層具体的な真珠湾関係の発信が外務省宛てに目立っていたら、それは「モリムラ」発とみられ、攻撃対象の少なくとも一つとして日本海軍は真珠湾を狙っていると、それだけでも米側は判断できたろう。

第一部に入る冒頭に、この「モリムラ」事件の概要を記述したのは、当時の日米の言わば知謀の格差を、この話が象徴するように思えるからである。

さて、結局日米が戦火を交えるに至るあの時期の、日本に対するアメリカの真意とは何であったのか。それを照らし出すには、近過去からの日米の対立点をいくら繰り返し辿ったり、日米間のやり取りを子細に分析しても、それだけでは視界の利かない密林にでも迷い込んだような状態に陥るのではないか。やはり一九四一年十二月八日（日本時間）に日本が対米英開戦をするまでの少なくとも半年間くらい、つまり日米関係が急速に一段と険悪化する同年の初夏ごろ以降に焦点を絞り、さらにその時期の、中でもとりわけ不自然な米側の動きを見つけ出し、その時の米側の振舞いを深く掘り下げてみることが必要ではないか。そうした作業の方が、米側の隠された本心は浮上させ易いように私には思われる。こうして米国の本音が見えてくれば、年末に日米戦が勃発する一九四一年の、行きつ戻りつの日米対立の真相もはっきりしてきそうだ。

その観点から見て突き当たるのが、日米戦争勃発の約三カ月前の一九四一年九月六日の夜に、首相近衛文麿《このえふみまろ》とアメリカ側の在日代表である駐日米大使ジョゼフ・グルーが東京都心のさる個人の私宅で、食事も含めて三時間にわたって秘密会談をしているが、その結果がどうであったか、という一件である。

ついでだが、このグルーの妻アリスは一八五二年に相模国浦賀《さがみのくにうらが》の沖に現われ、翌年に再来航して江戸幕府と日米和親条約を結び、日本を開国させたあのアメリカ東インド艦隊司令官マシュー・ガルブレイス・ペリーの子孫である。妻のこの出自はグルーに、個人的にも日米関係打開の使命感を、漠然とではあっても、帯びさせていたのではないか、と私には思われる。

日米関係が緊迫している中で日本の内閣総理大臣と駐日米大使がある夜、長時間にわたって、非公式の場所で密談したことは真に重大ニュースであったろうが、そこが秘密会談たるゆえんか、外相、陸相、海相の三者には知らせておいての近衛のこの隠密行動であったが、関係者は口が固かったからか、この日米密談が最初に活字などで世上に伝わったのはいつどういう形でかは、調べた限りではなお分からない。おそらく戦後も暫くしてではないだろうか。

ここで近衛政権の人事を挟む。一九四一年六月二十二日の独ソ戦勃発に際して、それよりほんの二カ月余り前の四月十三日に日ソ中立条約を自ら結んだその相手のソ連に義理立てせず、前年の九月二十七日に、これも自身が締結を主導した日独伊三国同盟の主軸のナチス・ドイツの方を助けて対ソ宣戦し、北進すべしと強く主張した外相松岡洋右《ようすけ》を閣外に出すために、つまり実質的には松岡を罷免《ひめん》するために、首相の近衛は同年七月十六日にいったん総辞職し、前海軍次官で現商工相の豊田貞次郎《とよたていじろう》（海兵第33期）を外相にして七月十八日に第三次近衛内閣を発足させていた。当時の明治憲法（大日本帝国憲法）では首相は閣僚を罷免できなかったので、ある閣僚を、本人の意思とは関係なく取り換えるには、内閣総辞職を行い再組閣して、別の人物を当該職に任ずる以外に方法はなかった。

しかし、第二次、第三次近衛内閣の内閣書記官長だった富田健治が戦後に著した『敗戦日本の内側――近衛公の思い出』（一九六二年、古今書院）によると、松岡洋右を外相に起用した責任を取って、近衛は自らも退くために総辞職をしたとされているが、この時の近衛の本心は、戦後に出版された本人の手記を見ても定かでない。

話を戻して、一九四一年九月六日夜の先の近衛・グルー密談に、近衛は第一次近衛内閣以来の首相秘書官の一人だった牛場友彦のみを連れて、グルーも在日米大使館参事官でグルーのいわば側近的存在として知られたユージン・ドゥーマンと共に現われた。牛場は英オクスフォード大学で学んでおり、ドゥーマンはキリスト教宣教師を父に日本に生まれ育っているので、通訳はこの二人がこもごもに行ったのであろう。

見落とせないのは、この近衛・グルー会談が行われたのは、男爵で貴族院議員の伊藤文吉の、現在の東京都港区芝公園に近い自宅だったことである。近衛と伊藤文吉の間柄は不明だが、伊藤文吉は明治期のあの伊藤博文の実子で、近衛がこの人物の私邸をグルーとの秘密会談の場所に選んだということは、よほど同家を信用していたのだろうが、同時に、いかに近衛がこの会談を一般に知られたくなかったかという気持ちも伝わってくる。そのころの世上は、メディア、とくに新聞の煽動もあって反米英気分が募《つの》りに募っていた。首相と米大使の密談予定が一般に知られていたら、いかなる妨害を受けるかも分からなかった。近衛が伊藤宅に行く車は車両番号も変えられていた。

近衛・グルー密談については、先の牛場、ドゥーマンの二人、あるいはいずれかが記憶を元に記録を作成していたか否かも不明だし、その全容は分からない。ただ、ごく大まかには、近衛自身が会談の経過を手記（『失われし政治　近衛文麿公の手記』〈一九四六年、朝日新聞社〉）に残し、グルーもこの会談についての所感を大統領ルーズベルト宛てとして国務長官ハルに報告していることを自著（邦訳名『滞日十年』上下〈一九四八年、毎日新聞社〉）に記している。

まず近衛だが、その『手記』でこう述懐している。

「日米諒解《りょうかい》の交渉が進みそうで進まず、又首脳者会見の提案が大統領の心境をかなり動かしながら今一歩の所で容易に実現しそうもないのは、一には、東京華府《ワシントン》間の電報訓令に基づく野村（駐米）大使の努力だけでは、先方に充分日本の真意が伝わっていないからでもあった。そこで余は自らグルー大使に会って話をする決意をした。九月六日、右に述べた『国策要綱』（「帝国国策遂行要領」のこと。注1を参照）が決定された日、陸海外三相の諒解の下に、余は極秘裡に大使と通訳としてドユー《ママ》マン参事官と会食懇談した。

余は現内閣が陸海軍も一致して（日米）交渉の成功を希望して居ること、この内閣を措《お》いて外に機会ありとも覚えずと強調し、又『今この機会を逸すれば、我々の生涯の間には遂にその機会が来ないであろう』と、最も含蓄のある言明をした。（随員の）陸海外三代表の人選まで大体済んでいる事実も語り、此際《このさい》一日も早く大統領と会見し、根本問題に就《ママ》て意見を交換する必要を力説した。

グルー大使は、ハルの四原則（注2）に対する余の意見を質し、余は『原則的には結構であるが、実際適用の段となると種々問題が生じ、その問題を解決する為にこそ会見が必要になるのだ』と説いた。

一時間にわたる懇談の後、グルー大使は直接大統領宛のメッセージとして今日の会談内容を報告することを約し『この報告は自分が外交官生活を始めて以来、最も重要なる電報になるであろう』と感慨をこめて述べたのである」(仮名遣い、漢字は旧から新に直した。振り仮名、括弧内は長谷川による。不用の句読点は消した)

注1　この手記の「国策要綱」つまり「帝国国策遂行要領」とは、夜にこの近衛・グルー会談が行われた一九四一年九月六日の昼間に昭和天皇臨席の御前会議で決定されたその時点の日本の対米基本方針で、主な内容は以下の通り。

「一、帝國ハ自存自衛ヲ全《まっと》ウスル爲対米、〈英、蘭〉戦争ヲ辞セサル決意の下ニ概《おお》ネ十月下旬ヲ目途トシ戦争準備ヲ完整ス

二、帝國ハ右ニ並行シテ米、英ニ対シ外交ノ手段ヲ尽シテ帝國ノ要求貫徹ニ努ム
対米〈英〉交渉ニ於テ帝國ノ達成スヘキ最小限度ノ要求事項竝《ならび》ニ之ニ関連シ帝國ノ約諾シ得ル限度ハ別紙ノ如シ（略）
三、前号外交々渉ニ依リ十月上旬頃ニ至ルモ尚我要求ヲ貫徹シ得ル目途ナキ場合ニ於テハ直チニ対米〈英蘭〉開戦ヲ決意ス」（新字体にした。振り仮名、括弧内も長谷川）

注2　日米交渉の開始期の一九四一年四月中旬、ハル米国務長官は野村駐米大使に日米協定の基礎となるべき四つの基本原則を渡した。『ハル回顧録』（中公文庫）によると以下の通り。

①すべての国の領土と主権を尊重すること
②他国の内政に干渉しないという原則を守ること
③通商の平等を含めて平等の原則を守ること
④平和的手段によって変更される場合をのぞき、太平洋の現状を維持すること

この『近衛公の手記』が公刊されたのは、敗戦翌年の一九四六年（昭和二十一年）だが、

その中の日米交渉に関する部分は、その『手記』の発行者側が付けた「序」が記しているように、まだ記憶が生々しいと思われる対米英開戦の直後から翌年にかけて執筆、完成されていたので、あまり思い違いはないのではないか。夜に近衛・グルー密談があった一九四一年（昭和十六年）九月六日の昼間は、昭和天皇臨席の御前会議で先の「帝国国策遂行要領」を決定している。それは、この日から約一カ月後の「十月上旬ごろ」までにと時限を決めて、それまでに外交交渉で、日本の支那事変処理に介入したり妨害しないことなど三点を米英側に受け入れてもらえなければ、直ちに対米（英蘭）戦争を決意するという、言うならば「清水《きよみず》の舞台」から飛び降りるような内容なのだが、こう国務・統帥の大勢が赴く以上、首相の近衛としてもそれに棹《さお》さす以外になかったのか。しかし、それでも最後の頼みの綱と、恥も外聞もなく駐日大使グルーの所に駆け込んで、前月から申し入れているが、色よい返事がこない米大統領との差しの話し合いの実現を伏して頼み込んだのであろう。

では、この近衛の願いをグルーはどう受け止めたか。自著の『滞日十年』によれば、日米戦の阻止と、そのための日米首脳会談の実現に近衛が必死であることに老練のこの米大使はいたく感銘したようである。ごく一部ではあるが、触《さわ》りと思われる所を摘出する（グルーの『滞日十年』の邦訳は二〇一一年に「ちくま学芸文庫」に収納されている）。

「一九四一年九月六日
今晩近衛公爵は私を彼の友人の私邸に晩餐《ばんさん》に招いた。列席したのはドゥーマン氏と首相の秘書牛場氏の二人だけである。会話は三時間続き、（略）首相は彼の言葉が私的に大統領に伝達されることを要請した（略）。
近衛公爵は再三再四、時の問題が大切だということを力説した。（略）彼の公約は過去において米国に与えられたような『無責任』なものではなく、公約を与えるとすればそれは必ず守られるであろうことを保証した。（略）志《こころざし》あれば必ず道ありということを私に了解させて、結論とした。（略）合衆国との関係の再建は、費用と個人的危険をかえりみず、必ず成功させる決意を持っているといって、今日の会談を終った」（振り仮名と括弧内は長谷川）

破局に向う日米関係を根本から立て直すべく米大統領ルーズベルトとの会談を切に近衛が求めていることを、グルーは大統領宛てに直ちに電報したのだが、米本国側が言を左右にしている様子をグルーは憂慮し、近衛との密談から三週間余り経った九月二十九日付でルーズベルト・近衛会談の実現がこの時点でいかに有意義で必須かを噛んで含めるように説いた長文の報告を国務長官のハルに送った。が、その三日後の十月二日に米側は、根本的諸問題の事前討議の進展を大統領は真摯に望んでいるとの理由で日米首脳会談の拒否を日本側に通告してきた。グルーは敗れた。近衛内閣はその十四日後の十月十六日に総辞職し、近衛内閣の陸相東條英機（陸軍士官学校卒第17期）がその翌々日に首相となる。昭和天皇の意向でいったんは東條内閣も対米打開に打ち込んだが、有名なハル・ノートを突き付けられ、遂に対米英開戦となる（ハル・ノート＝アメリカから出された「合衆国及び日本国協定の基礎概略」のこと。日本にとっての主な重大項目を平たく分かり易く言うと❶支那、仏印からの警察を含む全軍隊の撤収❷南京《ナンキン》の汪兆銘《おうちょうめい》政権の否認❸日独伊三国同盟の死文化）。

この総辞職の日付で近衛はグルーに私信を出した。グルーの『滞日十年』によれば、大使への感謝の表明と後継政権の外見に落胆しないよう望むとの心の籠った文面であった。これに対してグルーはすぐ、この友情に感謝する返書をしたためた。

給仕した愛人の証言

横道に逸れて恐縮だが、あの一九四一年九月六日夜の伊藤文吉邸での近衛・グルー密談では、伊藤家では使用人を外出させ、会食の給仕のことと思われる接待には伊藤家の家人が当たったと矢部貞治《やべていじ》著の『近衛文麿伝記』（一九五二年、近衛文麿伝記刊行会発行・弘文堂）

には記されているが、その通りなのだろうか。

『東京タイムズ』（創刊一九四六年〜廃刊一九九二年）が一九五七年（昭和三十二年）に五十六回連載した山本ヌイ執筆の「公卿《くげ》宰相のかげに　近衛公の愛に生きて廿年」の十四回目（同年三月九日付）を見てみる。

それによれば、近衛の愛人の山本ヌイ（元芸者駒子《こまこ》）がその日、たまたま美容院で髪を結《ゆ》っていると、すぐ支度《したく》して欲しいと近衛文麿から迎えの車が来て、急いで帰宅し、着換えて、当時の東京市下谷《したや》区内の住まいから芝区内の伊藤文吉邸へ走らせたという。すると、先着の近衛から「きょうは大事なお客さんで、秘密を要することなのだ。それで人眼を避けてお客さんに、ここへ来てもらうことにした。接待も他の人では困るから、お前が万事やってもらいたい」と仰《おお》せ付けられたと。そのお客さんは米国大使のグルーだった。近衛とグルーが話し合ったのは伊藤家の和室だったようで、日本に生まれて育った参事官のドゥーマンはともかく、グルーは座っていても苦しかったのではないか。それはともかく、グルーとの密談の部屋に近衛は給仕とお茶運び以外の第三者は誰も入れず、その役をした山本ヌイのことはグルーにきちんと紹介したようだ。グルーも安心しただろう。愛人のこの女性を近衛がグルーにどう紹介したかは分からないが、自分への持て成しに際して近衛が極めて私的な事実を開示したことが、グルーの気持ちにどう響いたか。近衛がそこまで計算したかはともかく、プラスの効果があったのではないか。任国の皇室と密な姻戚関係があった同国第一等の家柄の人物が自身の私生活を、さらけ出してまで完璧な接待をしようとしたその心事に、グルーは深く感じる所があったのではないか。

余りに過酷な対日挑発

この近衛・グルー密談の結果についてさらに考察を深める前に、ここに至る二、三カ月間の日米間の緊迫状態を簡単に追ってみる。いや、むしろ、それよりずっと前の明治期にまで、ごくあっさりとでも歴史を遡っておかなければならないように思われる。簡単に言えば、殴り合い（戦争）にこそなってはいなかったが、いつのころからか気が付いたら日本は長いことアメリカとはかなりの口喧嘩を続けていて、それが、日本の対米英開戦の半年ほど前には、もう揉み合いの状態になっていたのである。

二十世紀初頭の日露戦争（一九〇四～五年）で世界の大軍事国家のロシアに日本は勝利した。事実上ロシアの勢力範囲となっていた、清《しん》の満洲方面（清を興した満洲族の祖地）に日本は、一九〇五年の日露講和条約でロシアから日本に譲渡された鉄道（南満洲鉄道）などの経営を中心に進出する一方、日露戦争で圧勝した海軍力を一層強化しようとする。

そもそも日露戦争が終った時期に、これは日本側の大失態であったが、ハリマン事件というものを日本は起こしてしまった。米ポーツマスの日露講和会議でロシアから日本に譲渡された南満洲鉄道の共同経営をアメリカの鉄道事業家エドワード・ヘンリー・ハリマンが来日して日本に申し入れ、それを桂太郎内閣が受けて、その線の共同事業にする仮取り決めをハリマンと済ませていた。しかし、日露講和の交渉に当たった外相小村寿太郎がこの共同事業計画に疑義を抱き、結局日本側はハリマンとの仮取り決めを破棄してしまう。

太平洋を隔てたアメリカがかかる日本に対して警戒心、反感を募らせ始め、そうした中で人種差別にほかならない日系移民排斥の騒ぎが米国で広がり、それまでアメリカへの愛着が強かった日本に今度は反米感情が噴き出し、高まる。

こうした前史に続いて海軍軍縮問題が発生する。トン数比率での艦艇の所有差などを海軍列強の間で取り決め、その維持を図ろうとする米英と対米英比率が六〜七割のその体制の打破を企てる日本との対立が一九二〇〜三〇年代（大正後期から昭和初期）に激化し、列強間の海軍軍縮体制は、日本の離脱などによって崩壊する。

一方で、背景が不確かな排日テロが満洲方面で多発し、これに対抗して満洲そのものを武力征圧した、いわゆる満洲事変が関東軍（南満洲鉄道や遼東半島の日本の租借地＝関東州＝の守備のために駐屯権を持つ日本軍）によって引き起こされ、次いで日本側の関与によって、中華民国とは別の満洲国が旧清朝の祖地に生まれる。

その後、清の後継である中華民国の北京《ペキン》郊外にある蘆溝橋《ろこうきょう》(マルコ・ポーロ橋)付近で、一八九九〜一九〇〇年の北清事変(義和団事件)を終結させる国際取り決めで西洋列強と共に駐留権が認められていた日本の支那駐屯軍と中華民国側の部隊との間で、一九三七年七月七日に銃撃事件が発生し、その戦火が中華民国の広い範囲に拡大し、日本政府はこれを支那事変と命名する。

日本と中華民国側の武力衝突が拡大するや、その原因、事情を知ってか知らずにか、米大統領ルーズベルトは、事変が発生して約三カ月後の一九三七年十月五日に米シカゴ市内で「身体の病気が広がりだすと社会は人々の健康を守るために感染病人を隔離する」との、日本とナチス・ドイツ、ファシズム・イタリアを念頭に置いたとみられる極めて挑発的な日独伊隔離の有名な演説を行い、さらに一九三九年七月二十六日には、日米両国の経済・貿易関係を支える日米通商航海条約の破棄を米国は突然一方的に宣言し、同条約は四〇年一月二十六日に失効した。これは、言うならば米側からの経済断交に近いものであったろう。

一九四一年七月二十八日から、現地のフランス当局と取り決めてのことではあるが、日本軍が前年のフランス領インドシナ北部に続いて、米英側に先を越されまいとする狙いもあってか、南方のイギリス、オランダ植民地を指呼《しこ》に望む南部仏印にも進駐するや、そのころ日本が石油輸入の八、九割を依存していた米側が同年八月一日から日本への石油輸出を一切禁止する措置を取り、また、日本のこの南部仏印進駐を見越してか、進駐の三日前の七月二十五日に米側は在米日本資産を凍結する発表を行い、日本側は在米金融機関への預金を使う輸入取引も七月二十六日から事実上できなくなった。米国のこの在米日本資産凍結と同様の措置をイギリス、そして現在のインドネシアに当たるオランダ領東インドの当局、即ちオランダもすぐ実施した。米側と事前に示し合わせての行動であった。

アメリカは、表向きは日本軍の南部仏印進駐を理由に日本経済を締め上げにかかったのだが、世界の目は意外と公平のようである。それより後の大戦中のことだが、やはり宣戦されて日本と交戦中のその英国のオリバー・リトルトン軍需生産相が、これも比較的知られていることだが、一九四四年六月二十日に英ロンドンの米国商業会議所で、

「米国が戦争に押し込まれたというのは歴史を歪曲するも甚だしい。米国が余りにひどく日本を挑発したので、日本は真珠湾を攻撃するの止むなきに至った」（一九四四年六月二十二、二十三日付朝日新聞）

との旨のことを演説の中で言及して物議を醸し、英下院で陳謝したことが当時の戦中の日本の紙面でも報じられている。

陸軍も避戦を求めていた

それにしても矢継ぎ早にアメリカが、このように一国の死命を制する経済攻撃を日本に対して放ち始めたことに対して、当時の首相近衛はどう対処しようとしたのか。もはや日米の外交当局が交渉ごとをする段階を超えていると判断したのであろう。対米全面譲歩の重大決意を抱いて彼は米大統領ルーズベルトとの直接会談を考えた。それが実現していたら史上初めての日米首脳会談となった。

ルーズベルトとのこの直接会談の提議は一九四一年八月八日にワシントンで駐米大使野村吉三郎から米国務長官ハルに伝えられた。

外相同士でも、物事によってはいちいち本国への請訓が要るだろうし、その場合はそれぞれの国内でまた協議がおこなわれる。そんなやり方をしていては相互の深刻な対立も打開できるはずがないし、かえって対立が深まってしまう恐れさえある。やはりトップ同士が膝詰めで臨めば、双方共に感じる所があって、むしろ互いに大胆な妥協が、自分としても崖《がけ》から飛び降りるくらいの大決断ができるのではないか、と近衛は考えたのであろう。

東京市内でのグルーとの前出の密談の中身や、戦後に発刊の近衛の先の『手記』を踏まえるとこうなる。

八月初旬に首脳会談を求めた時点で近衛はすでに、もし面と向かってルーズベルトが、対米英開戦の直接の原因となった前出のハル・ノートの時と同じく、近衛に中華民国とフランス領インドシナからの日本軍の全面撤兵を迫ったら、中華民国の範囲から日本が作ったと言っていい満洲国さえ除外すれば、近衛はそれを承諾する決心だったと私は見る。地域によって撤兵期限に差をつけることもしなかったように思える。すでにこのころ近衛の脳裏には、支那事変を続けさせて日本を疲弊させるという共産主義者ないしコミンテルン(Communist International＝ソ連の首都モスクワに本部を置いた世界共産主義化機関)系勢力の狙いが認識されてきていたのではないか。日本の敗戦の年の二月十四日に近衛が昭和天皇に提出した有名な近衛上奏文を熟読すると、そう考えざるをえない。支那事変の拡大を自身の重大な失政と考え、その痛恨の思いを近衛は『手記』にもしたためている。中華民国からの早期の全面撤兵をルーズベルトが要求したら近衛は受け入れていただろう。「これをやれば(反米英過激派に)殺されることが決まっているが……」との知己の忠告に対し近衛が「生命《いのち》のことは考えない」と返した話はよく知られている(振り仮名、括弧内は長谷川)。

実際に、近衛・ルーズベルト会談への準備作業の中で陸軍側も、予想されるルーズベルトの全面撤兵要求に備えて参謀本部第一部作戦課で在支将兵八十五万の撤収作戦案の作成に着手していた。一九四一年の夏から秋にかけて近衛・ルーズベルト会談が実現していたら、歴史は明らかに大きく変わったであろう。

ルーズベルトへのこの決定的な妥協を近衛は首脳会談の地から電信で直接昭和天皇に伝え、その裁可を得る手はずになっていた。その関係の特別な通信設備も、訪米の船舶に積み込まれるまでになっていた。近衛の随員候補には陸海軍の中枢の実力者がそれぞれ数名ずつ含まれ、その名簿もできていた。

最重要の陸軍側随員の候補には、当時陸軍参謀本部第一部長だった田中新一（陸士第25期）の『田中新一中将業務日誌』や『昭和天皇独白録　寺崎英成・御用係日記』（一九九一年、文藝春秋）によると、首席には軍事参議官の寺内寿一《ひさいち》（同第11期）か陸軍省航空総監兼航空本部長の土肥原《どひはら》賢二（同第16期、連合国側による戦後の極東国際軍事裁判で刑死）が、さらに参謀次長の塚田攻《おさむ》（同第19期）、陸軍省軍務局長の武藤章（同第25期、同裁判で刑死）、参謀本部第二十班長（戦争指導班長）の有末次《ありすえやどる》（同第31期）など陸軍の最中枢集団に含まれる面々の名前が挙げられていた。

あの二・二六事件が鎮圧された後の広田弘毅《こうき》内閣の陸相だった寺内は、対米英開戦へ向けてすぐ南方軍総司令官に就くことになる陸軍の大御所だった。土肥原は奉天《ほうてん》特務機関長などを務め、中華民国北辺方面の反日蠢動《しゅんどう》を制圧する土肥原・秦徳純《しんとくじゅん》協定（秦徳純はチャハル省代理主席）を結ぶなど支那大陸、とりわけ華北の状況に明るく、塚田は戦中に大陸で事故死するが、対米英開戦の時は南方軍総参謀長だった。武藤は支那事変の初期は暴《ぼう》支膺懲《しようちよう》の事変拡大派だったが、その後は支那事変収束、対米打開の避戦色を濃くしていた。有末は戦中に南方で戦死したが、当時は参謀本部の戦争指導班長として泥沼化の支那事変の現実に通じていた。

こうした要職者が、日米首脳会談をアメリカが受けた場合の陸軍の随員に予定されていたことは、支那事変の最当事者である陸軍がこの時点では、近衛・ルーズベルト会談の成功、つまり対米全面妥協へと舵《かじ》を切っていたことをうかがわせる。

支那方面からの全面撤兵という世紀のこの日米大妥協が成っても、陸軍内からクーデターは起きなかったと私は思う。支那事変の解決はいまや陸軍自身が必死に模索していたのだ。しかし、仮にもクーデターが発生したら、昭和天皇は徹底した討伐を命じ、それより五年前の二・二六事件の時と違って今度は即刻、武力で断固粉砕したと思う。新聞のほとんど連日の煽情報道とは逆に一般国民は支那事変に倦《う》んでいた。近衛・ルーズベルト会談が仮にも実現していたら、それは四一年（昭和十六年）の十月か十一月と思われるが、コミンテルンの方針に従って日本と蔣介石側を共滅させるべく支那事変の拡大を叫ぶ言論をメディアで研究会で振り撒き、軍部・政界・官僚・言論界に大きな影響を与えていたゾルゲ諜報団の尾崎秀実《おざきほつみ》（後出）は諜報関係の容疑でその十月十五日に、ゾルゲも同じく十月十七日に逮捕されている。日本側に限ってみれば、日米巨頭会談への環境は熟していた。

近衛は日独伊三国同盟を廃棄した？

ルーズベルトが、支那からの撤兵に加えて、その成立に日本側が大きく関わった汪兆銘が率いる南京の中華民国国民政府の否認と、さらに日独伊三国同盟の死文化、つまり事実上の廃棄も求めてきたらどうだっただろうか。その年の十一月二十六日に米国が日本に提示したハル・ノートにはこの二点も、中華民国と仏印からの全面撤兵と共に含まれ、これらの米要求を受諾不可能として日本は米英に宣戦し、三年八カ月後に完敗した。

私の推測では、中華民国からの全面撤兵を受け入れた近衛は三国同盟の死文化も承認し、事と次第では死文化どころか廃棄の手続きを取る旨をルーズベルトに伝え、驚かせたのではないかと思われる。これを境に、近衛は日本を枢軸派から反枢軸の米英側に一大転換させる覚悟だったのではないか。四一年九月六日夜の近衛・グルー会談の一切を私が知りたいと思うのは、このことと関係がある。

一九四一年六月二十二日のドイツのソ連攻撃については、日本の陸軍中枢部内にこの機を逃さずにソ連を討つべしとする伝統的な北進論が噴出し、アメリカなど海外も日本は北進必至とみたが、一方でこれを好機に日独伊三国同盟を廃棄せよと説く者も陸軍上中堅層にはいた。

そもそも一九四〇年九月二十七日に締結された日独伊三国同盟には、これをソ連も含めた日独伊ソ四国連合にし、ユーラシア大陸が結合したその力でアメリカに当たり、日米問題を解決しようとする狙いがあった。それが日独伊三国同盟の締結を主導した第二次近衛政権の外相松岡洋右の戦略で、そうした目的もあって外相松岡は、独伊ソ訪問の帰途の一九四一年四月十三日に日ソ中立条約という一種の日ソ友好条約までモスクワでソ連と結んでいた。しかし、四国連合どころか独ソ戦となっては四国連合構想は木端微塵《こっぱみじん》となり、従って、四国連合への踏み台であった日独伊三国同盟も日本にとっては無用の長物となってしまった。近衛としては、三国同盟の死文化ないし廃棄は一番やり易かったのではないか。この日独伊ソ四国連合構想問題については、ユーラシア外交史研究の明治大学名誉教授三宅正樹の『スターリン、ヒトラーと日ソ独伊連合構想』（二〇〇七年、朝日選書）が正確で詳しい。

では、南京の汪兆銘政権の処理はどうか。実は、あの時の日本にとって、この問題が一番難しかったのではないかと私は考える。この政権の名称も中華民国国民政府であり、重慶の蔣介石の中華民国国民政府との正統争いが演じられていたのだが、重慶から見れば汪兆銘は敵の日本と組んだ漢奸《かんかん》（売国奴）以外の何者でもなく、実際に重慶側から汪兆銘側に乗り換えた要人は少なかった。しかし、この対日協力政権は、抗日戦を貫徹しようとしていた蔣介石政権を潰す目的で、日本側が陰に陽に助けて樹立された。重慶を支援するアメリカの圧力で、自分が関わった南京を見捨てたとなったら、そこの対処を誤ったら、日本は、敵、味方の別なく信を失い、世界からおよそ相手にされなくなるだろう。一九四一年十二月八日、日本はハル・ノートそのものを拒否して対米英戦争に突入したので、汪兆銘政権問題で呻吟《しんぎん》してのあの開戦ではなかったが、もし、近衛・ルーズベルト会談が実現したとして、ルーズベルトから汪兆銘政権の否認を要求された場合、近衛はどう出ただろうか。もともとそこと一緒だった蔣介石の国民政府との平和裡の再合体が不可能であれば、近衛は相当数の汪兆銘政権要人の日本への亡命を考えるしかなかったのではないか。仮に撤兵をする中華民国の版図から満洲を除く妥協がルーズベルトとできたとしても、当時の支那全土から日本が撤退してなお汪政権が存続し得たかどうか。それは難しかったのではないか。

近衛がルーズベルトとの会談を成功させようとしたら、諜報力、軍事力、経済力、科学・技術力と日米の力関係に圧倒的な差がある以上、米側の諸要求をほぼ丸呑みするほかなかった。その場合の日本の状況は、昭和天皇が近衛を強く支持し、加えて近衛と軍部、とくに陸軍との間によほどの協調態勢が作られていなければ、反米英過激派の策動、軍内部の下剋上《げこくじょう》によってクーデターとまではいかなくても何らかの騒擾《そうじょう》状態が国内に生じたのではないか。しかし、繰り返すが、昭和天皇の命令で軍部中枢は騒擾派の徹底弾圧に踏み切ったと思う。

失態か上策か……

ここで実際の歴史に戻る。

近衛文麿は、日米首脳会談を催促する趣旨のメッセージをルーズベルトに送ったり、それより前に同大統領からも関心がないではないような意向も日本側に伝えられたりしていたが、この首脳会談については先に見たように、最終的に十月二日に国務長官ハルが断ってきた。懸案について事前に双方の実務段階での一致が必要と、取って付けたような理由を挙げていた。本書のこの下りの筆を執《と》っていると、自ずと頭をよぎるのは、あれより約四分の三世紀後の目前の米朝交渉である。核兵器搭載の大陸間弾道弾（ＩＣＢＭ）を北朝鮮（朝鮮民主主義人民共和国）がほぼ完成しかけている事態に対してアメリカが北朝鮮攻撃にも踏み切る動きを見せ、慌てた北が非核化への大転換を掲げ、二〇一八年六月十二日に米と北のトップのトランプ大統領と金正恩《キムジョンウン》国務委員長がシンガポールで会談したが、北の駆け引きもあってか非核化への工程はなかなか具体化されない。あの時とこの米朝関係とは何の関係もないが、いつの世も国際関係はこの米朝間と変わらず謀《はかりごと》の巷《ちまた》なのである。が、この現実に日本は戦前も戦後も疎《うと》いのである。

一九四一年九月六日夜の伊藤文吉邸での前出の近衛・グルー密談は、近衛・ルーズベルト会談の実現にまだ期待が、少なくとも日本側では持たれている中で行われた。グルーの助けを借りても、近衛はルーズベルトに面と向かって会いたかったのだろう。伊藤文吉邸の席でグルーは近衛から、日米を和解させるために決定的な妥協をする決意を聞かされ、深い印象を受けていた。ルーズベルト・近衛会談が実現したら必ず成功するとの確信をグルーは九月二十九日付で国務長官ハルに報告している。グルーは戦後の一九五二年刊の著書『波高き時代（『Turbulent Era』）』で次のように、当時のルーズベルト政権を厳しく批判している。

「東京のアメリカ大使館にいたわれわれ一同は、日本から提案された近衛公と大統領との会談が行われていたならば、アメリカとしてはその原則的主張にせよその権益にせよ、全く何らの犠牲をも払うことなく、日米両国関係の再建ができたばかりでなく、ひいては太平洋におけるあらゆる問題の全面的解決にまで導くことができたにちがいないと信じていた」(同著を紹介する『世界週報』一九五二年十一月二十一日号を参考にした)。

日米がついに開戦にまで至った直接的な責任は一方的にアメリカ側にある、と当時の駐日米大使グルーは断定するのである。

いかにグルーが正しいかは、日本側の発言でも証明されている。そのころ陸軍省軍務局軍務課長で陸軍の実力者の一人だった佐藤賢了《けんりょう》(陸士第29期、のちに軍務局長。A級戦争犯罪人として極東国際軍事裁判で終身禁固刑を受けるが、やがて仮釈放される)が、近衛・ルーズベルト会談を米側が拒否したことを、

「アメリカモ間抜ケダ。無条件会ヘバ万事彼等ノ都合通リ行クノニ」

と、冷笑した事実が、後輩の軍務局軍務課員に記憶されている(『石井秋穂《あきほ》大佐回想録』七八〇〜七八一ページ)。

アメリカが近衛・ルーズベルト会談を蹴ったことは、グルーのような経験豊かで真っ当な思考、精神の人々から見たら、ルーズベルト政権は余りに無能と嘆かざるを得ないような話であろう。それは背筋の通った感慨である。陸軍省の時の佐藤賢了軍務局軍務課長の

認識も、同様である。が、世界的謀略戦の鎬《しのぎ》を削っていたルーズベルトないしルーズベルト政権のごく内輪では、「上策」「してやったり」と、逆に舌を出して笑い合っていたのだと私は思う。

首脳会談を恐れた米国

ここで、あの松岡洋右が、世間の常識では馬鹿話としか思えないような、突拍子《とっぴょうし》もないこんな構想を胸に秘めていたことも紹介しておく。第二次大戦後だったが、『外交時報』という雑誌（外交時報社一九七五年五月発行の一一二八号）に東京タイムズ社を設立した、詩人でもある岡村二一《にいち》が「松岡洋右の思い出」という寄稿をしている。ソ連のスターリンと日ソ中立条約を結んだ一九四一年（昭和十六年）三、四月の松岡のドイツ・イタリア・ソ連訪問の時、同盟通信社編集局次長だった岡村は、この松岡訪欧に報道界からただ一人同行を認められた。その帰路のシベリア鉄道の旅も終わりかけたころ、たまたま松岡が岡村と車室で二人になった時、松岡が突然、こう言い出したというのである（括弧内は長谷川）。

やや省略してそれを記すと、

松岡「君、メモ帳を出したまえ。六月二十七日のところへ二重丸をつけておき給え」
岡村「何のために?」
松岡「その日なァ、重慶へゆくのだ」
岡村「重慶へ、どうして、何のため?」
松岡「まァ落ち着いて聴け、俺が頼めば蔣さん（中華民国国民政府の事実上の最高指導者の蔣介石のことで当時の肩書は行政院長）は南京まで迎えの飛行機をよこしてくれる。堂々と青天白日旗のマークをつけた飛行機をな。まず重慶で蔣さんとサシで話をする。そして、これからワシントンへ飛ぶから一緒に行ってくれと頼む。蔣さんはもちろん応諾する。そこで直ちにアメリカへ飛ぶのだ。そしておれと蔣とルーズベルト、三人が膝つき合わせて（支那）事変解決のはなしをつけるんだ」
岡村「その解決条件は?」
松岡「日本が要求するのは満洲国の承認、それと満洲と北京の中間にある冀東《きとう》地区を中立地帯として両国が軍隊を駐留しないこととする。ただ、これだけで、あとは中国からも仏印からも、一兵も残さずに撤兵する」
岡村「そううまくゆくかな」
松岡「君、おれわねえ、子供のときからアメリカで育って、アメリカ人の習性や心理は手に取るようにわかってるんだよ」

もう一度、後で言及するが、アメリのカトリック系聖職者二人〈ジェームス・エドワード・ウォルシュとジェームス・ドラウト〉と日本の元大蔵省官僚〈産業組合中央金庫理事井川忠雄〉、そして陸軍省の中堅幹部〈軍務局軍事課長岩畔豪雄《いわくろひでお》〈陸士第30期〉〉が、アメリカで米側からすれば非常に妥協的な、日本側からすれば甚だ都合のよい「日米諒解案」なる日米関係打開策を、首相の近衛文麿の承知だけを背に、正規の日米外交経路とは無関係に、それも外相松岡の訪欧中に勝手に作っていた。同盟通信社の岡村二一への松岡の車中談は、不正規経路でのこの「日米諒解案」作成のことを知らずに松岡が構想していたもので、内密にと念を押した上で岡村に洩らした一件のようだが、帰国して、松岡構想を無意味にしてしまうような「日米諒解案」というものの存在を知り、松岡は激怒した。こうしたものが、外交経路とは何の関係もなく日米の非公式経路で作られるには、時間稼ぎか何らかの裏事情が米側にあるに違いないと思ったのであろう。その案は、米国務長官ハルも駐米大使野村も知っていて、それを基礎に日米関係打開の交渉を進めていく段取りになっていることまで野村から外務省に伝えられてもいたので、やや時間を置いて松岡はその『日米諒解案』を、さらにもっと日本の立場に即したものに根本から改変した対案を米側に送った。そのうち第三次近衛内閣で松岡は外相に任命されず、この諒解案問題そのものは結果的に立ち消えてしまったが、そういうそもそもから得体の知れない「日米諒解案」の作成に駐米大使の野村が乗っかったことで、もともと野村が海軍出身であることも災《わざわ》いしてだろうが、野村と在米日本大使館幹部層の人間関係は悪化する。そうした不和な館内空気が、この年の十二月八日（日本時間）の対米最後通告文の米側への渡し遅れという歴史的惨事に繋がっていく。

話はやや横道に逸《そ》れたが、ソ連のシベリア鉄道の車中で松岡が岡村に語ったワシントンでの松岡・蔣介石・ルーズベルトの三巨頭会談構想そのものも、独ソ開戦という世界情勢の急変、松岡の失脚で白昼夢と化したし、人によっては誇大妄想癖の松岡の例のごとき駄《だ》法螺《ぼら》ではないかと笑い捨てるかもしれないが、官僚層の堂々巡りに陥ることなく、何が問題なのか、ではそこは万難を排して呑むが、ここは認めろと、それこそ文字通りの膝詰め談判を全権者同士が、夜を徹してでもやって決着させる。そこで署名し、判を押す。この発想そのものは優れていると私は思う。一概に松岡を奇人扱いにすべきではない。

しかし、この松岡・蔣介石・ルーズベルトの三巨頭会談は松岡が外相に留まっていても実現はしなかったと思う。松岡・蔣介石・ルーズベルトが膝詰めで、というその形式が奇想天外だからではない。中国からの早急な全面撤兵という、おそらく蔣介石が真っ先に言い出し、ルーズベルトがすぐ支持して見せるであろうそのことを、松岡が「分かった。自分の首を賭けて実施する」と受け入れてしまうことが、少なくともルーズベルトにとっては実は非常に困ることなのだが、松岡ならそう言い切ってしまう恐れがある、と米側は考えるのではないかと思われるからである。後でまたそこの所を考究するが、アメリカは日本の大軍を支那大陸に釘付けにしておきたかったのではないか、と私はにらんでいる。

シベリア鉄道の車中で松岡が岡村に、メモ帳の六月二十七日の所に二重丸を付けるよう促したということは、その日に松岡が重慶に飛ぶつもりでいたからだが、松岡が蔣介石と連れ立ってワシントンに行くとしても、それは早くて六月末日であろう。しかし、そのころは六月二十二日に独ソ戦が始まって、なお独軍はその時は破竹の進撃を続けていた。一方、ドイツに敗北しかかっていたイギリスは、独ソ開戦で独軍の英本土上陸の危機はとりあえずは消えたが、独英戦の見通しはなお暗い。そういう世界情勢の中で、もしも日本が中国からの全面撤兵を受け入れ、その大軍が北進し、独軍の猛攻を受けているソ連を東から衝いたら、あるいは南進してマレー半島、シンガポールなどの英植民地を、さらにはもっと西へと攻めたら、ソ連、イギリスはどうなるか。

ソ連は反ナチス、ないしはルーズベルト政権内に親ソ派が交ざっていたという思想的事情から、イギリスは伝統的兄弟国として、ルーズベルトないしルーズベルト政権は両国を守らなければならない立場だった。であれば、日本の大軍はなお、そのまま支那大陸に釘付けにしておくに如《し》くはない。こうして仮に松岡から意表を突く三首脳会談の申し入れがあったとしても、米側は応じなかったろう。現に、仮定の話ではなく、催促までして近衛はルーズベルトに会おうとしたのだが、米側は断った。むしろ会うのが怖かったのであろう。

ルーズベルトは「間抜ケ」に非ず

対日講和条約が発効し、日本の主権が回復した一九五二年（昭和二十七年）の秋に、あの日米戦争勃発期に大使のグルーを支えた在日米大使館参事官のユージン・ドゥーマンが日本を訪ねた。しかし、十年振りに再会したその日本は、伝統的な美徳も失い、変わり果てた貧相な一国としかドゥーマンの目には映らなかったようだ。

そんな中でも彼は旧友の元近衛首相秘書官の牛場友彦に会い、そして、真相を告げた。米側はあの時期、近衛文麿のあらゆる避戦努力を計画的にトーピドーしたのである、と。交換船で本国に戻って以後、彼は事の真相をワシントンで知ったようだ。この事実は、牛場から、近衛に近かった政治学者の矢部貞治《やべていじ》に宛てた手紙に記されている。「トーピドーする」とは水雷で軍艦を破壊、撃沈することだが、計画、目論見《もくろみ》を潰す意味もある。

要するに、ルーズベルト政権は、どんなに譲歩した妥協案を日本が示そうと、それをすべて無視し、何が何でも日本に開戦を強《し》いたかったのである。日本から宣戦されれば、待っていましたと反枢軸の大戦に参入できる。日米交渉でのルーズベルトの恐怖は、日本に意外な、想定外の大妥協をされることだったのだろうと私は見ている。首脳会談で近衛がそれを一挙にやりそうな気配があることが、真面目で経験豊かな駐日大使グルーからの報告で感じられたので、ルーズベルトは近衛と会えなかったのであろう。昭和天皇の支えを背にその意外な大妥協に踏み切ろうとした近衛から逃げることで、ともあれルーズベルト、そしてルーズベルト政権は、大戦に参入できなくなりそうな窮地から脱したのである。その前後の状況から私はそう判断する以外にない。ルーズベルトないしルーズベルト政権は、陸軍省軍務局軍務課長の佐藤賢了が呆れて洩らした「間抜ケ」では決してなかったのだ。

英ソ支援に焦る米国

そして、この近衛・グルー密談の顛末《てんまつ》を考える場合、とりわけ見逃せない要素がある。

一九三九年八月二十三日から二カ年弱にわたってソ連と一種の友好条約ともいえる不可侵

条約を維持してきたナチス・ドイツが四一年六月二十二日にソ連を攻撃し、独ソ戦が始まっていたことである。日米関係にこの事態はどう影響したのか。そこを追求することで、真珠湾攻撃へと日本を向かわせる何カ月間かの日米対立の性格も、同時に九月六日夜の近衛・グルー密談で一致したと思われる近衛・ルーズベルト会談の実現がかなえられなかった原因も一層明確になってくる。

独ソ開戦後すぐ、駐米ソ連大使が米国務省高官、さらに大統領ルーズベルトに、またソ連外相モロトフが駐ソ米大使に会って、早々にアメリカの対ソ援助や可能なその規模を打診したり、また日本の北進、つまりナチス・ドイツに呼応してソ連を東から攻撃するのを阻《はば》む警告を、米国が日本に出すことを要請するなどアメリカへのソ連からの働き掛けは激しかったが、米政権の反応は、そもそもから大統領のルーズベルト自身が反ナチス・ドイツゆえの言わば反射的、原則的対処の範囲内に留まっていて、必ずしもソ連側を満足させるものではなかったようだ（ロシア・ソ連研究者小澤治子《はるこ》の論文＝『軍事史学』一〇六・一〇七号＝に基づく）。

ルーズベルト政権内にはマルクス主義者かマルクス主義色の濃い親ソ派が少なくなかったが、ソ連はナチス・ドイツに早々に敗北するとの見方が米軍部内には支配的で、それがルーズベルト政権の対ソ姿勢をかなり慎重にさせていたのではないかと思われる。それに独ソ不可侵条約締結後のナチス・ドイツのポーランド侵略の時、ソ連がその不可侵条約秘密取り決めなどに基いたり、援用したりしてポーランド東部を侵略して併合したり、フィンランドに侵攻してその一部を割譲させたり、さらにはバルト三国をも併合したりしていた状況も、米国一般の対ソ感情を相当に悪化させていた。二カ年弱とは言え、ソ連はルーズベルトが忌み嫌うナチス・ドイツとしっかり手を握っていたのである。

しかし、そのよそよそしかった米ソ関係も独ソ戦が勃発して一、二カ月後の四一年七月から八月にかけて微妙に、そして急速に変わり始め、遂にルーズベルトの無官の側近で米大統領官邸ホワイト・ハウス内に起居するハリー・ホプキンスが、大統領側近の資格で七月末に三日間、ソ連の首都モスクワに滞在し、膨大な対ソ軍事援助の約束をし、実行されるようになる。ホプキンスとは何者だったのか。その人物像については現在に至るまで論議、詮索が米国内では絶えないようだが、ルーズベルトがニューヨーク州知事だったころから、ニューヨーク市の公共社会事業活動家としてルーズベルトの信頼を得ていたようで、戦中は米国の対ソ軍事援助の協力者としてソ連独裁者スターリンからも深く信頼されていたらしい。しかも、各種の資料、文献によれば相当の日本嫌いでもあったようだ。

このホプキンスがソ連を訪ねたころと、ナチス・ドイツの猛攻に意外とソ連は持ちこたえるのではないかとの予想が米側にも出始めた時期は重なっている。ナチス・ドイツにソ連がなお持久できるのなら、加勢して何とかソ連の敗北を食い止めようという気運も、もともと親ソ色の濃いルーズベルト政権には生じるだろう。ならばアメリカ自身も早く加勢の参戦をしてナチス・ドイツを攻められないか、ドイツがポーランドに侵攻して三日目の一九三九年九月三日にフランスと共に対独宣戦までしながら窮地に陥っている兄弟国イギリスも早く助けなければならない。焦りも募ってくる（フランスは四〇年六月二十二日に対独降伏）。

しかし、ナチス・ドイツは大西洋で潜水艦（Uボート）を米駆逐艦に攻撃されるなど米の挑発を激しく受け続けていても、決してそれに乗ってこない。率先しての対独参戦への米世論の反対はなお極めて強く、アメリカの方からナチス・ドイツへの宣戦はとてもできそうにない。であれば、経済制裁などによって日本への挑発を繰り返し、この過敏な国に米国土への第一撃を何とかやらせるほかない――。こうルーズベルト政権側は考えたのであろう。共和党人ではあるが、ルーズベルト政権要職の陸軍長官であるヘンリー・スティムソンの膨大な日記（訳書はない）を読むと、こうなる。その日記の例えば、比較的よく知られている一九四一年十一月二十五日付の所を見てみよう。少し長くなるが、そこの記述は次のとおりだ。

「(略)それから正午にわれわれ(すなわち、マーシャル将軍と私)はホワイト・ハウスに出かけ、そこに一時半近くまでいた。その会合にはハル(国務長官)、ノックス(海軍長官)、マーシャル(陸軍参謀総長)、スターク(海軍作戦部長)、ならびに私が出席した。大統領は(略)もっぱら討議を対日関係のみに限定した。大統領は、日本は無警告で攻撃をはじめることで悪名の高い国であるから、米国はたぶん次の月曜日に攻撃を受ける可能性があると注意を喚起し、われわれはこれにいかに対処すべきかを問題にした。問題は、われわれ自身が過大な危険にさらされないで、最初の一弾をうたせるような立場に、日本をいかにして誘導して行くべきかということであった。これは困難な仕事であった」

(一行目の二番目を除く括弧内、傍点は長谷川。みすず書房『現代史資料〈34〉太平洋戦争〈一〉』の一五ページ)

この一片の記録を見ただけでも、アメリカへの第一撃をさせるべくいかに日本を誘導していくか、そのことを、陸軍長官スティムソンだけでなく、大統領以下、対日戦に直接関わる、スティムソンも含めた米中枢の要人らが鳩首協議していたことがはっきり分かる。その光景まで目に浮かぶようである。この十一月二十五日は米側が日本にハル・ノートを渡す前日であった。

アメリカの方から日本への第一撃をやれないのを悔しがる先のルーズベルト無官側近ホプキンスの反日発言が記録されている資料もあるようだ。

ルーズベルト曰く「私は戦争を起こす」

いつから日本を計画的にこの挑発の対象にしようとルーズベルト政権側が企てたかは諸説あるだろうが、最終的に大統領ルーズベルトが決意し、踏み切ったのは、独ソ戦勃発後、それも一九四一年八月九日から十二日までカナダ沿岸の大西洋上の英艦の上でルーズベルトと英首相ウィンストン・チャーチルが大西洋会談を行ったその時か、その前後と私はみる。その会談の記録は存在したとしても、なお開示されていないが、漠然とではあってもその内容は、後にチャーチルが旧友の英自治領南アフリカ連邦（当時）の首相ヤン・スマッツに洩らした次の言葉に象徴されるだろう。

「大西洋会談でルーズベルトは『私は決して宣戦はしないかもしれないが、戦争は起こすかもしれない』とまで私に語った」

チャーチルへのルーズベルトの英艦上でのこの発言を、最初の一発を日本に撃たせるまでアメリカは日本を挑発し続け、それを通してアメリカは大戦に自動参入するという謀略の対英伝達と受け止めても別に不自然ではないだろう。これより少し前の七月二十五日にルーズベルト政権は在米日本資産の凍結、八月一日には対日石油輸出の全面禁止という日本の経済、生活をやがて麻痺させるに違いない措置を発表したが、これらは挑発的性格を帯びつつも、東南アジア侵攻の拠点ともいえる南部仏印へ日本軍が進駐したことへの報復と説明されれば、それとしては理屈のつく措置だった。

しかし、なにか気がありそうな、思わせ振りな言葉が、駐米大使野村吉三郎へと大統領自身から発されながら、結局はぴしゃりと拒否された近衛・ルーズベルト会談開催の件が典型例だが、各種の日本側の妥協案も、詰めたやり取りもないままに突き返される、梅雨《つゆ》空のような状況が、八、九、十、十一月と続き、その末の十一月二十六日に遂にあのハル・ノートが渡された。その主な三項目は、近衛・ルーズベルト会談が実現した場合に近衛がルーズベルトから要求され、近衛はこう返事するであろうと先に考えてみたものと同じである。米国による日本へのハル・ノートの手交《しゅこう》は歴史の事実であり、近衛・ルーズベルト会談は仮想であるが、もし、一九四一年の秋にこの首脳会談が本当に開かれていたら、繰り返すが実際のハル・ノートの主要三項目と似たような内容を含んだ要求をルーズベルトは近衛に提示したであろう。米側がルーズベルト・近衛会談を断ったのは、前述の通り、近衛がそれを粗方《あらかた》受諾する可能性があると、駐日大使グルーからの報告で分かったからで、ほぼ丸ごと近衛に受け入れられたら逆に米側が窮するであろう理由は先に書いた。

しかし、では米側は十一月二十六日になぜ、日本側が受け入れたら困るそのハル・ノートを日本に渡したのか。それは、問題の近衛はすでに権力の場におらず、しかも、米側から日本側への提示も通常の外交経路を通してであり、そうした条件の中でのあの内容の要求なら、日本側が受諾したり、条件闘争的な協議の提案をしてくる可能性もないと踏んだのであろう。国務長官のハル自身が、これからは事は自分の手を離れ、陸海軍に移ると陸軍長官のヘンリー・スティムソンに述べたほどだ。

一九四一年十月十六日に近衛が総辞職しなければ、また、たとえ辞めても第四次近衛内閣が成立していれば、あのハル・ノートであろうと近衛はほぼ丸ごと飲み込んで戦争には訴えず、対枢軸国戦を欲してやまないルーズベルトないしルーズベルト政権を肩すかしし、逆に同政権を窮地に追い込んだのではないかと推定してみたくもなるが、この場合、それは不可能であったろう。

ハワイであろうとアラスカであろうと、アメリカのどこかで首脳会談が四一年秋にも実現し、ルーズベルトがこのハル・ノートにそっくりか近いものを、私の推定どおりに近衛に提示し、ほんの字句的な修正は別として、それをそのまま近衛が受諾して避戦に成功し、日本に対米開戦させたかったアメリカをその意味で大敗北させ得たとしよう。しかし、それは、日本首相と米大統領の巨頭会談という、日米関係史の上で前代未聞の特異な環境の中で、避戦切望の昭和天皇の即時の電信裁可を、当時の天皇側近の内大臣木戸幸一《こういち》の介入なども排して直に受けるという、あの時に近衛によって考えられた、非常のお膳立ての下でのみ可能だった策略で、日本内地で通常の会議を通す普通の仕組みの中ではそもそもあり得ない対米妥協だったのだろう。近衛の次の首相が、第二次、第三次近衛内閣で対米最強硬派の陸相東條英機（陸士第17期）だったからではない。首相となってからの東條は、昭和天皇の意思を尊重して必死に避戦に努めたことは、開示されている当時の関係会議での記録が示すとおりである。

実際に、非常の時であろうと通常の協議、会議を通していればどうなるかは、開戦四年後のあの終戦の時の状況がよく証明している。東京、大阪、名古屋をはじめ大中小の都市が焦土と化し、海軍は事実上消滅し、そして、とくに都市では栄養失調の気配が生じ始めていても、原子爆弾を二つも落とされ、ソ連の対日宣戦まであってやっと日本政府は日本軍の無条件降伏などを要求する米・英・中華民国（ソ連は後で加わる）のポツダム宣言を受諾できたのである。

さらなる挑発としての「ハル・ノート」

ハル・ノートが在米日本大使館から日本に届いた一九四一年十一月二十七日からの国内中枢の出来事は、それが日本の普通の世の中ではやはりそう回転するようにしか終始しなかったのである。繰り返すが、ハル・ノートには、それまでの日米交渉の経過とは無関係の、前出のような挑発のための挑発のような要求が並べられていた。外相の東郷茂徳は在米大使館からの電文が信じられなかった。第三次近衛内閣に代わって十月十八日から発足した東條内閣で一ヵ月以上避戦に奮闘していた東郷自身が度を失ってしまったのである。アメリカの凄まじい挑発に日本はそのまま乗ってしまった。近衛・ルーズベルト会談を拒否して、そして次の政権にハル・ノートを突き付けた米ルーズベルト政権のその手練《てだ》れぶりは並大抵ではなかったのだ。

しかし、ここで申したいことはそのことだけではない。あの尋常ではないハル・ノートに東條内閣の誰も、外務省の誰も、陸海軍省の誰も、陸軍参謀本部、海軍軍令部の誰も、つまりその内容を知り得た要人のひとりとして、〈何か変だ〉〈何かおかしい〉と感じなかったのか。何かを意図したとんでもない挑発だ、と見破れなかったのか。死児の齢《よわい》を数えるようなことだが、直ちにその内容を内外に発表し、ルーズベルト政権の異常さを世界に訴え、直ちにハル・ノートの取り消し、ないしは修正を求める対米交渉を形だけでも迫って見せられなかったのか。それにも米側が応じなかったら、米・英・重慶の中華民国国民政府、そして日ソ中立条約を結んでいるソ連も除く世界はむしろ日本側に立ったのではないか。手際が悪く、そもそも外交能力の欠けた海軍出身の駐米大使野村吉三郎を更迭することはできなかったのか。

日本側にハル・ノートを手交し、間もなく戦争が始まると周辺に予告したハルは、日本人、日本政府の拙《つたな》さを日米交渉の中でつとに感得していた、と見るべきなのであろう。

ルーズベルト政権は、こうして、やっとではあるが日本を戦争に引っ張り出せた。しかも侵略国という汚名を着せ得る形で。ルーズベルトは、米英蘭に向う南進を日本にやらせ、ソ連を攻める北進を危ないところで阻《はば》んだ。自らもナチス・ドイツを叩ける一方、自身の政権内に共鳴者も少なくないソ連を、そして兄弟国のイギリスも助けられ、まさに一挙五、六得を、巨頭会談の要請という意表を突いた近衛の逆襲を、きわどくかわして手中にした。

しかし、それを可能にしたのは、奇襲、不意打ちのような、日本に対するハル・ノートの突き付けである。戦後に米側で明らかにされたところによると、一九四一年十一月下旬の時点で米側が日本に提示しようとしていたのは、いわゆる暫定協定案である、戦争の準備に米側ももう少し時間が欲しかったのであろう。日本は南部仏印から撤兵し、米側は石油禁輸を緩和するなどがその内容で有効期間は三カ月であったが、その暫定協定案は引っ込め、代わりにあの時点で短兵急に突如ハル・ノートが日本に渡されたのはなぜか。その急な成り行きに関して、これが真相という定説が、戦後も長いのに今なお、日米いずれにおいても現れていない。

米側での研究でこれまでに知られているところでは、とりあえずの時間稼ぎを狙って米国務省はその暫定協定案を作成し、イギリス、オーストラリア、オランダ、蔣介石の中華民国国民政府（重慶）の意向を質《ただ》したところ、ともかく英豪蘭は同意した。が、蔣介石の強烈な反対論を顧問職の米人オーエン・ラティモアがルーズベルトの補佐官の一人で自分と同様のマルクス主義者のラフリン・カリーに伝え、カリーの奔走《ほんそう》で、もともと親ソ派の財務省高官ハリー・デクスター・ホワイトが用意していた強烈な対日案が大統領ルーズベルトの了解を得てハル・ノートの骨格になったという説がこれまでのところ比較的具体的である。

しかし、最近、『そのとき、空母はいなかった』の著者で前出の白松繁が、同著の中で興味深い推測をしている。それは、その四一年十一月下旬に入ってナチス・ドイツ軍によるソ連首都モスクワの攻略が失敗しつつあることが米側にも明確となり、独ソ戦そのものの勝敗にまではなお繋がらなくても、三国同盟の主軸のナチス・ドイツの予想外の頓挫に日本側が驚き、米国との大妥協、避戦へと一大方向転換をする可能性が生じたので、それを食い止め、なんとしても日本に南進、つまり対米英開戦をさせる一層の挑発としてハル・ノートが出されたという見方である。対米英戦から避戦へと、それどころか米英側に陣営替えするという方向転換を日本がするのを、なんとか阻止したいという意図が米側にあったとみる点で、近衛・ルーズベルト会談を米側が避けた原因に通じる視点である。

ともあれ、ハル・ノートを渡されて十一日後に日本はハルの予告どおりに米英に開戦した。すぐにオランダが日本に宣戦した。日本の作戦は、英領マレー半島、米ハワイの真珠湾への攻撃などから始まった。

日本の真珠湾攻撃を聞いて、これで切望の米国参戦が成り、「イギリスは生きれる。英連邦、英帝国は生きれる」と英首相チャーチルは喜び、安堵し、この旨を、後にノーベル文学賞を得た回顧録に記しているが、ソ連独裁者スターリンも、対ソ戦の北進ではなく、対米英戦の南進へと日本が舵《かじ》を切ったことに狂喜したであろう。対日和平派政権である南京の汪兆銘の中華民国国民政府内が日本の敗北は必至とみて悲嘆にくれた一方、抗日の重慶の蔣介石の中華民国国民政府内が逆に歓喜にあふれたことも文献に記録されている。

歴史の奸計

ここで当時の日本の指導層の内情も見ておきたい。

独ソ戦勃発後、米ルーズベルト政権の対日態度は一層の挑発、その繰り返しへと急変化したわけだが、それと平仄《ひょうそく》を合わせるかのように日本の対外姿勢も急速に南進へと大きく固まっていく。海軍中央部内の中堅層には以前から南方の英領、蘭領の資源地帯への進出、いや侵攻が高唱されていたが、一九四〇年初夏のナチス・ドイツのオランダ、フランスなどの占領、そして空と潜水艦による対英圧迫のころから突如として、南進が海軍部内の主張から国家政策の次元へと高められていった。

民間のいわゆる大アジア主義者（西洋列強の諸植民地からアジアは独立して一つにまとまろうとする派）、日本第一の民族主義者もそれに唱和するが、資源豊かな南方の植民地を抱える「持てる国々」、つまりイギリス、オランダ、フランスなどに「持たざる国々」、例えば日本などが挑戦するのは正義とする観念が軍部、官庁のほか政治家、知識人、メディアにも広がっていた。それは、国際ブルジョア階級の西洋列強に対する国際プロレタリア階級の日本などの戦いであり、階級闘争による歴史の発展を科学法則とするマルクス主義の一つの証明とする見方さえ出てきていた。そうした中では、もはや大アジア主義派とマルクス主義派の双方を思想的に分け隔てることは無意味で困難な状況ともなっていた。

一九四一年六月二十二日に独ソ戦が勃発するや、六月二十五日に大本営政府連絡懇談会はフランス領インドシナ南部への進出を目指す「南方施策促進ニ関スル件」をまとめて昭和天皇の允裁《いんさい》（お認め）を得た。さらに七月二日には天皇臨席の御前会議で北進より南進を主眼とする「情勢ノ推移ニ伴フ帝國國策要綱」を、次いで、近衛・グルー密談が夜に行われたあの九月六日の午前にはやはり御前会議で十月下旬を目途に南進の準備をする「帝國國策遂行要領」を決めて、いよいよ日本は南進路線を強め、遂に十一月五日の御前会議では南進の武力発動を十二月初旬とする、九月六日と同じ名称の「帝國國策遂行要領」が定まり、十二月一日には御前会議で最終的に南進決定の「対米英蘭開戦ノ件」となる。しかし、南進つまり米英蘭との戦争を決意しつつも、十一月二十六日にハル・ノートを渡される前までの御前会議決定には、期限を切ってではあるが、外交交渉がまとまる場合は南進はしない旨の留保が付けられていた。が、それもハル・ノートが一挙にご破算にした。

そして、ここで見逃せないことは、日本が対米英開戦に踏み切るこの難所で明治憲法は完全に破綻していたということである。九月六日の御前会議の辺りを境にか避戦のはずの昭和天皇からも対米英開戦を前提にしたような言葉遣いが聞かれることを近衛が訝《いぶか》っていたことが、第二次・第三次近衛内閣の内閣書記官長を務めた富田健治の著書『敗戦日本の内側――近衛公の思い出――』に出てくる。そして、近衛自身の回顧録『失われし政治近衛文麿公の手記』でも、明治憲法に則れば、確かに天皇は閣僚の補弼《ほひつ》（助言）によって統治することになってはいるが、分立している政府（国政）と統帥（作戦・用兵）の両権を一身に担っているのは「陛下御一人なので」、和戦いずれかという国家生死の関頭《かんとう》に立った場合は、いずれが可か不可か国家の進路を明確に述べるべきで、それを避けた評論家風の態度では困るのだとの厳しい昭和天皇批判をしていることは見落とせない。近衛が言わんとしたことは、避戦が本音なのだろうからそれを天皇はなぜきっぱり宣下《せんげ》しなかったのか、という追及なのであろう。天皇の国政大権の行使は大臣の助言に基づくとする明治憲法に従ったということなら、後で見るように国政の一つである大臣の人事の変更を命じるという明治憲法違反が、ではなぜ天皇に許されたのか。

要するに、国家意思決定権の所在が実は不明確なのである。

こういう状況の中で日本の真珠湾攻撃などが始まるのだが、奇妙と言うか私の頭を捉えて離さないのは、日本の南部仏印進駐に対する制裁を名目としたルーズベルト米政権の在米日本資産の凍結、石油の対日輸出の禁止は、ソ連を討つ北進から東南アジアの石油資源地帯へ、つまり南進へと日本を転じさせる、言うならば独ソ戦中のソ連を支援する性格を強く帯びていた一方、南進への日本自身の進路決定も、陸軍の伝統的欲求の北進、つまり対ソ予防戦争を阻止する性質の国策であったということである。当時の海軍側の資料からもそれは分かる。要するに、これら日米の動向はいずれも不思議と独ソ戦勃発後のソ連を懸命に助けている。

ルーズベルト米政権が、前記のようにマルクス主義のソ連に共鳴する分子を内部に多く擁していたことは、ソ連の対米諜報工作を明るみに出した中西輝政監訳『ヴェノナ』（二〇一〇年、ＰＨＰ研究所）などによっても明白だが、マルクス主義との関係はなお不透明にしても、日露戦争後の日本海軍にも第三部で説明するように、親露・親ソ色が濃厚だったことは否定できない。

対立し激しく戦ったアメリカと日本だが、日本に対する戦争挑発に、また、アメリカに対する戦争発動にそれぞれ関わった双方の関係者の動機づけにソ連擁護の要素が見て取れることは、歴史の奸計《かんけい》と言うべきか不思議なことである。

日本の場合、もちろん独ソ開戦の前も海軍の南進欲は、対米英戦に気乗りしない陸軍も巻き込みながら持続していたが、とくに独ソ開戦後は海軍の南進路線に急に拍車がかかった。南進欲の行き着く先は対米英戦であろうに、昭和天皇臨席の御前会議決定という有無を言わさぬ形式を繰り返して南進、つまり対米英戦ないし対米英蘭戦を国家の基本政策へと既成事実化していった。そこに私は、なんとしてでも陸軍の北進を阻止したい、親ソ色と大海軍維持の組織利害が絡まった日本海軍の妄執《もうしゅう》を見る。南進して海軍の見せ場をつくりたいなら、オランダ、フランスがナチス・ドイツに敗北し、イギリスも危機状態に陥った一九四〇年夏から秋へかけての時期が絶好だったろうに、なぜ翌年の独ソ開戦の後に一層南進論が高まったのか。ここに海軍の精神状態を解く鍵がある。

日本海軍は素人集団だった

さて、本書の第二部で検証するが、とりあえず、ここでもあの真珠湾攻撃の滑稽さを指摘しておく。それは連合艦隊司令長官の山本五十六（海兵第32期）が、開戦劈頭《へきとう》に米ハワイ・オアフ島の真珠湾基地を空母機で攻撃することに、受け入れられなければ辞職するとまで脅して固執《こしゅう》し、結局は、作戦・用兵の最高責任機関の海軍軍令部もこの愚策を認めてしまったことだ。愚策と言うよりそもそも作戦の体《てい》をなしていなかった代物であった。

博打《ばくち》狂とか私生活の乱脈といった山本の、伝えられている性癖、悪癖はここでは取り上げず横に置く。武力による南方資源地帯の奪取という、もちろん山本自身も抱いていたそうした発想そのものを、当時の世界の状況に身を置いて考えたとしても私は否定するが、この関係についても今、拙稿では考えない。

ここで私が問おうとしているのは、あくまでアメリカ・真珠湾の攻撃を、という何かオに走った山本五十六発想の海軍の作戦それ自体についてである。そう船は通らない北太平洋を進むとしても、ハワイ近くまでの片道が五、六千キロである。途中で米艦その他に遭遇したらどうするつもりだったのか。ハワイに近接した所であれば、米国へ日本が最後通告文を渡す以前の日時、つまりまだ日米が戦争状態に入っていない場合であっても、通常なら米側は、警告の上ではあろうが、自衛としてハワイ基地と複数の空母から航空機を発進させ、また、潜水艦を含む各種の艦艇を総動員させて包囲攻撃し、六隻の空母を含めて第一航空艦隊はそこでそれなりの大打撃を受け、主目的の南方作戦は開始早々に続行か否か進退きわまり、一九四五年八月十五日とは別の形の国家危機に日本は見舞われたであろう。政府・軍部の関係要人はいかなる責任の取り方をすることになったか。国際的に日本はいかなる立場に追い込まれたか。

三十隻の艦艇が縦横数十キロに広がって航行しているのである。米側のいかなる探知網にも引っかからず、ハワイ基地などからのいかなる哨戒線にも最後まで接触せず、いかなる国のいかなる船とも全く行き会わないということは、空想小説でしかありえない。

実際にはこの機動部隊の航行は米側に詳細に把握され、単に泳がされていただけだった。それについての説明は第二部で行う。ここでの問題は、連合艦隊司令長官山本五十六のこんなにずさんで幼稚な作戦を、当人の我儘《わがまま》に辟易《へきえき》してか、結局軍令部総長永野修身《おさみ》（海兵第28期）が許してしまったという日本海軍の無為、腐敗である。それこそ日露戦争の時の日本海軍だったら、作戦とも言えないこんな代物を、どうしても山本が押し通そうとするなら、その任務から即刻山本を外し、山本の態度によっては、海軍から馘首《かくしゅ》したであろう。そういう峻厳な措置は、山本五十六のような有名提督に対しては想像外であったとしたら、昭和期の日本海軍中枢の上中堅層は素人集団に過ぎなかったということになる。

日露戦争では海相山本権兵衛《ごんべえ》（同第2期）が、予想される開戦の前に、常備艦隊司令長官の地位を世間的にも名の知られた海兵同期の日高壮之丞《そうのじょう》（同第2期）から、地味で無名の舞鶴鎮守府司令長官という閑職の東郷平八郎（日本での海軍学歴なし。イギリスでも商船学校）に、日高には有無を言わさせず代えた。明治天皇から理由を問われ、海相山本は「東郷は運のいい男なので」と答えたという伝説的な話は有名だが、それはおそらく学友日高の心情を思いやっての言い繕《つくろ》いで、なにか山本権兵衛には有名人の日高では駄目、といった総合的な勘といったものが働いたのであろう。しかし、日高も後に男爵にされ、償いの処遇を受けているが、真剣勝負の第一線から外された無念は消えなかったであろう。

しかし、結果が全てである。東郷の日本連合艦隊は欧露から東征してきた世界有数のロシア主力艦隊を対馬沖《つしま》で全滅させた。大東亜戦争へ向かう海相がこの山本権兵衛だったら、賭事《かけごと》が好きで私生活にも難のあった山本五十六のような者を連合艦隊司令長官にはしないし、すでにその地位に五十六が就いていたら、戦争勃発の直前であっても転任させたであろう。海軍次官の山本五十六を連合艦隊司令長官にした一九三九年（昭和十四年）八月の人事はその時の海相米内光政《よないみつまさ》（海兵第29期）がした。この米内については第三部で検討する。

嶋田繁太郎は優れた軍政家だった

すでに記述したことではあるが、「森村」こと吉川猛夫のそれ自体は見事というほかない諜報活動、第一航空艦隊のそれとしては破天荒の米戦艦群の撃滅、そうした「大成功」に対して日本海軍内には、〈何か変だ〉と首をかしげる知力が欠けていた。明治期の日露戦争で、欧露から東征してきたロシアの主力艦隊を消してしまった世界史的な一大成功体験の悪影響かもしれないが、アメリカ何者ぞ、といった上《うわ》っ調子の当時の体質が、米側に遊ばれているのでもなければ成功は不可能の真珠湾攻撃を意固地な山本五十六に認めさせてしまったのである。

以上は作戦面の海軍劣化のことであるが、山本五十六による真珠湾攻撃の主張には、これに劣らず看過《かんか》できない点がある。いったい山本は、そして結局は海軍軍令部も、アメリカを戦闘正面に、わざわざ率先、第一撃をして引っ張り出すことがいかなる意味を持っているのか、そういう最も基本中の基本の戦略論さえも理解できていなかったのだ。そのようにまず日本から一発殴られることを、ルーズベルトないしルーズベルト政権は喉から手が出るほど欲していたことはすでに見た。

開戦劈頭《へきとう》の真珠湾攻撃という山本五十六案に強い疑問を抱いた海軍要人の一人が、まさに対米英開戦時の海相の嶋田繁太郎《しまだしげたろう》（海兵第32期）だった。

この人物は一九四一年十月十八日に東條英機内閣が発足した時から四四年七月二十二日に同内閣が総辞職するまで海相を、そして海相在任中の末期には軍令部総長も兼任し、東條の茶坊主と陰口を叩かれるほど一般的に評判が悪かったことがさまざまな文献に記されている。開戦時から戦中も長く海相で、そして一時期にせよ軍令部総長だったためか、連合国側による戦後の東京裁判（極東国際軍事裁判）で起訴されて、二十八人の被告の一人となり、終身禁固の判決まで受けたが（後に仮釈放）、元連合艦隊参謀長福留繁《ふくとめ》（同第40期）は『海軍の反省』（一九五一年、日本出版共同株式会社）という自著にこう書いている。

「開戦時の海軍大臣嶋田繁太郎大将は、何とかしてアメリカに対してだけは、受け身で立つ工夫はあるまいか、すなわち英及び蘭に対して開戦を宣し、アメリカに対しては彼から開戦し来ったときに初めて武力行動に出る行き方はないものか、と彼れ自身でも腐心し、軍令部にも研究を要求するところがあった。このことは、嶋田海軍大臣が特に強敵アメリカに対して、大義名分を考慮したからであろう。若《も》し嶋田海軍大臣のいう通りにできたなら、『パール・ハーバーを忘れるな』といったあのアメリカのスローガンは生まれなかったであろうし（略）」

一時期だが、連合艦隊司令長官山本五十六の参謀長をしていたからか、日本としては結局、山本案のようにするしか策はなかったのだと福留はこれに続けて弁解じみたことを綴っているが、私は嶋田の考え方が正しかったと判断する。

劈頭の真珠湾攻撃という何とも才走った作戦そのものへの憂慮はもとよりのことだったのではあろうが、福留の著書によれば、嶋田はそれ以前のもっと根本的な疑問を投げたのである。

第一撃を日本からアメリカに加えることをせず、大戦への参入を猛烈に欲していると見える米国から日本にやらせたらいい、つまりアメリカが日本を罠《わな》に掛けようとしているその逆のことを日本はアメリカにすべし、と賢く冷静な判断をしているのである。作戦上の非常な危険を冒してまで日本がアメリカを先制攻撃して、そもそもから自らを負《ふ》の存在に落とさず、アメリカに先制させて向うを負の立場に置け、と言うのである。そうすれば、確かにあの対日戦争でアメリカが見せたあれほどの士気、対日憎悪は最後まで生じなかったかもしれない。

作戦・用兵は軍令部の責任で、内閣の一員である軍政の長の海相には、時の憲法上からも作戦への指揮命令権はない。そもそも、東條内閣の海相として嶋田は横須賀鎮守府長官から中央に来た。日米交渉が決裂した時に発動される真珠湾攻撃作戦は準備の最終段階に入っていた。急に中央にやってきた、それも権限外の者が、ちゃぶ台返しのような真似はできない。それでも福留の著書によれば、「大義名分」という軍政の観点からの異議を嶋田は厳しく述べていたようだ。首相東條との関係がどうであったにせよ、嶋田を私は、世評とは違い、優れた軍政家として高く評価する。

インド洋以西に進撃しなかった愚

あの時の日本海軍は、西太平洋、あるいは東南アジア海域でアメリカ艦隊を守勢で迎え打っても、レーダーの立ち遅れ、潜水艦の使い方に非常に不安はあったが、それでも差し当たりは航空母艦を中心に十分に戦える隻数の艦艇、能力を持っていた。敵側を近海に迎え、引き付けるその作戦こそが、長年にわたって鍛えてきた日本海軍の本領でもあった。最初に米太平洋艦隊を撃滅しておかなければ、英領マレー・シンガポール、蘭領東インド攻撃の腹背《ふくはい》が危険にさらされるというのが山本の主張のようだったが、軍令部はその対策の作戦ももちろん考えていたのである。英領マレー、蘭領東インド方面の救援へと来襲する米艦隊の腹背を逆に、日本の国際連盟委任統治領の南洋の基地から衝く戦術である。それを一蹴して、何が何でも間違いなくアメリカを、日本への憎悪をたぎらせ断固として反枢軸で参戦させるという、大統領ルーズベルトには涎《よだれ》が出るような不可思議な愚作戦を山本が、そして結局は海軍が強行したのは、なお謎なのである。航空母艦を中心に据えた航空艦隊という先端的発想の新海軍を創造していたにもかかわらず、日本海軍の知力、総合力は結局、ああいう山本五十六をのさばらせた、せいぜいそんなものでしかなかったのだと言う以外にないのである。必死に戦った一線の海軍将兵は無念であろう。

さらに日本海軍で不可解なのは、対米英開戦から五カ月目の一九四二年四月の初めのセイロン島（現在のスリランカ）方面の作戦を除いて、なぜほとんど東の対米方面にのみ、それも広く薄く戦線を拡散させ、補給もできない多くの島々に数多《あまた》の陸軍部隊を無駄に孤立させ、玉砕《ぎょくさい》させたり、餓死させたりしたのか。

世界的視野で見れば、日本は、東の米国に対しては、当時のいずれの長距離爆撃機も日本に到達できない範囲の線まで守備を固め、それを超えた太平洋戦線は作らず、あとの海軍の全余力を、潜水艦も含めて一九四二年前半中にインド洋のそれも西方に集中し、名将エルヴィン・ロンメル率いる独アフリカ軍団のエジプト・中東への進撃を支援すべきだったのである。

一つの仮説として現代史家の秦郁彦は、そもそもから日本が陸海軍を早期に西進させる作戦を選択していれば、例えばパレスチナの歴史的古都エルサレムの方面で独アフリカ軍団司令官ロンメルと、対米英開戦後ずっと南方での作戦に従事してきた今村均《ひとし》将軍（陸士第19期）との握手が果たされた可能性もないとは言えなかったとの見方をしている。秦は『陰謀史観』（二〇一二年、新潮新書）などで日本の真珠湾攻撃を米大統領ルーズベルトは知っていたとする私その他の見方を「陰謀論」として否定している人だが、大東亜戦争そのものの展開については、私もそうだが厳しい批判者である。「今村とロンメルの握手」のことは秦郁彦編著の『太平洋戦争のｉｆ「イフ」——絶対不敗は可能だったか?』（二〇一〇年、中公文庫）の中の「幻の北アフリカ侵攻作戦——エルサレムで握手を——」に出てくる。

この問題については、終戦の少し前まで大本営陸軍部第二十班（参謀本部第一部作戦課戦争指導班）で対米英戦の戦争指導に取り組んだ種村佐孝《さこう》（同第37期）は戦後の自著『大本営機密日誌』（一九七九年、芙蓉書房）の「昭和二十年二月十六日」の項で注目すべき記述をしている。その日に種村は米艦載機の襲来下だったが、前年七月に総辞職していた前首相兼陸相兼参謀総長の東條英機を東京都世田谷区内の自邸に訪ね、現下の軍事情勢を説明した。その際に、その独裁性が喧伝されていた東條がこう述べたという。

「（略）私は開戦前、わが海軍の実力に関する判断を誤った。しかも緒戦後海軍に引きずられてしまった。（略）緒戦後のわが攻勢は印度洋に方向を採るべきであった（略）」

しかし、東條のこうした悔恨を知ると、当方の気持ちも塞《ふさ》ぐ。あの大東亜戦争は東條内閣が決断したのである。開戦・終戦が最重要の国政そのものであるなら、戦争の勝敗・国家の浮沈に関わる日本海軍の総進路も単なる作戦ではなく最重要の国政という判断をし、人事権を持つ海相を指揮して、開戦後であろうと連合艦隊司令長官の山本五十六を予備役《よびえき》に処分し、海軍作戦担当の最高機関の軍令部も含めた海軍人事の大刷新を行わせ、西進を断行すべきだったのだと私は考える。

一九四二年（昭和十七年）に北アフリカの砂漠地帯で英軍を撃破しつつ当時の英勢力圏のエジプトに突入した独アフリカ軍団は結局、アメリカからの膨大な軍需物資に支えられた英軍の反撃を受けて敗退することになるが、米国から北アフリカ方面の英軍への大補給路は大西洋南部―アフリカ東部沿岸―スエズ運河―エジプトの港湾だった。自身の補給のこともあるので、大西洋はドイツに任せるとしても、インド洋のアフリカ東部沿岸をスエズ運河へと北上するおびただしい米輸送船団を日本海軍が撃滅し、エジプト方面の英軍への補給を断っていれば、北アフリカのイタリア領リビアを東進中の独アフリカ軍団は疑いなくエジプトを征圧し、そのころ総じて親独反英の中東・イランへ進撃して大油田地帯を確保し、さらにイランからソ連南部・カスピ海へと突進した可能性がある。スペイン内戦でフランコ側を支援したよしみで中立ではあったが、そのスペインを経て、イベリア半島南端の英領ジブラルタルを独軍が占領していれば地中海は独伊の海となり、北アフリカから中東へ進撃する独アフリカ軍団への補給は滞《とどこお》らずにすんだ。

その場合ナチスの人種政策が災いしなければ、英仏の国際連盟委任統治領、英保護領を含む当時は英仏勢力圏のあの中東のイスラム地帯一円で親独反英の大蜂起が始まったと思われる。パレスチナのイスラム指導者はその呼び掛けの準備をしていた。

実際に一九四一年十一月三十日、独軍によるソ連首都モスクワの占領が困難に陥っている中でエルサレムのイスラム最高位者のモハメド・エミン・エル・フセイニが独首都ベルリンでヒトラーと会見し、独軍の中東への進撃を強く求め、アラブとドイツの結合を訴えている（ドイツ外交文書D編第一巻）。そうなると、英領インドでも反英の大民衆運動が巻き起こり、その場合、日独伊側の枢軸対ソ連も含む反枢軸の第二次世界大戦がいかなる様相を帯び、いかなる歴史転回が生じたかわからない。

そうした展開への好悪はここでは横に置くが、日本陸軍も英領マレー・シンガポール守備の英軍を構成したインド系将兵を反英のインド国民軍へと糾合するF機関（藤原機関）、英領ビルマ（現在のミャンマー）の反英立ち上がりを支援する南機関、英領インドへのインド国民軍の進撃を助ける光機関を作るなど、その目は太平洋の個々の島嶼《とうしょ》ではなく、本来ははるか西方をにらんでいた。

この絡みの中で首をかしげざるをえないのは、日本海軍、そして連合艦隊司令長官山本五十六がそうした地球儀的な視野、大きな可能性をはらんだ西方への目を持とうとせず、本来要らない、しかも悪手《あくしゅ》の真珠湾攻撃から始まって対アメリカ正面にばかり突っかかり、なす術《すべ》なくただ自滅していったことである。日本海軍には西方に展開するそんな器量は元々なかったのか。それともドイツ、イタリアに加勢し、ソ連、イギリスを苦しめ、まして や敗北させることを嫌う本能のようなものが働いたのか。

ドイツ、イタリアからは、インド洋、アフリカ東岸への日本海軍の作戦を求める必死の催促が続いたが、日本海軍はしっかりした反応をせず、独伊側に日本への怒りが募った。

ムッソリーニ政権が崩壊してイタリアが一九四三年九月に反枢軸側に降伏し、立場が変わったそのイタリアを占領したナチス・ドイツ軍と急遽イタリアに上陸した連合軍が激突し、一方で、さまざまな立場のパルチザン（非正規の武装集団）が出没する一九四四年六月、イタリア駐在海軍武官の光延東洋《みつのぶとうよう》（海兵第47期）がフィレンツェ北方のアペニノ・トスコ・エミリアノ山脈中を車で北走中、あるパルチザン群に襲われ、殺害された。切なる独伊の要請を日本海軍が無視したことへのイタリア側の反発も背景にあったとみられている。あの戦中に日独伊三国の戦争協力を推進する日独伊混合専門委員会の日本側委員をドイツで務めた野村直邦（海兵第35期、大戦末期に短期間だが海相、さらに海上護衛司令長官、軍事参議官）の『元海軍大将野村直邦談話収録』（水交会編）によれば、そうである。

ドゥーリットル東京奇襲が英国を救った

ここで、ほとんど専《もっぱ》ら東へと一層日本海軍をのめり込ませ、西はがら空きにさせる一つのきっかけとなったあの事件にも触れておく。

日本の南西太平洋制覇が続いていた対米英開戦後まだ四カ月余りの一九四二年（昭和十七年）四月十八日にジミー・ドゥーリットル中佐指揮の米B25爆撃機十六機が、日本側の不意を突いて、串刺しするように、京浜、名古屋、阪神をかなりの低空で襲い、これらの各地にいささかの損害を与えて、そのまま支那大陸方面へ姿を消した。

十六機のうち一機はソ連極東のウラジオストックに、ほかの十五機は落下傘降下も含めて支那大陸に不時着し、そのうちそこが日本軍の占領地帯だったために、搭乗員のうちの八人が日本軍の捕虜となった。この空襲で各地の一般住民が銃撃され、少年を含む百人近くが死亡した。日本は戦時国際法違反として軍事裁判で捕虜の八人に死刑を宣告し、うち五人は執行猶予に、三人が処刑された。このほか日本側には数百人の負傷者が出たり、民間の家屋、工場などにも被害があり、海軍の監視船、一般の漁船にも沈没などの被害が出た。もちろん、後年の大中小都市への激しい無差別絨毯《じゅうたん》爆撃、艦載機の跳梁《ちょうりょう》に比べたらほんの掠《かす》り傷にも及ばない程度の初空襲ではあったが、首都の真上を低空で悠々と侵され、しかも関東方面から関西方面まで言わば縦走されているのにその間に一機も撃墜できなかったのだから、日本側の衝撃は大きかった。

そのころ西太平洋は日本の制空・制海圏内だった。米側は航続距離の長い陸軍の爆撃機を日本からかなり遠距離の所で狭い空母の甲板から無理やり発進させ、しかし、爆撃機による空母への着艦は無理なので、それに日本の制空・制海圏から早く脱出しなければならないので、空母はすぐ東へ待避させ、日本を襲った爆撃機はそのまま支那大陸の重慶側の支配地域に逃避させるという離れ業だった。捕虜、処刑者を出しはしたが、作戦としては見事と言え、米国内はこの快挙に大いに沸いたようだ。

しかし、各種の資料を調べても米側がそこまで狙ったかどうかは分からないのだが、初めての日本空襲のこの一大冒険が第二次大戦の戦局に与えた影響は決定的であったと私は考える。東京空襲のこの一発勝負で米側の対日戦の志気はいよいよ高まったという点も見逃せないだろうが、何より注目しなければならないのは、なお無傷で健在の多数の空母（その時点で十二隻）を含む日本の大海軍力をインド洋、アフリカ海域、中東へと向かわせず、太平洋正面にほぼ完全に引き寄せてしまったということである。

繰り返すが、ドイツのアフリカ軍団が北アフリカをスエズ運河方面へと進んでいるのを、英勢力圏のエジプトを拠点に英軍が阻止しようとしているまさにその時期に日本の大航空艦隊が、その英軍に補給を続けているアメリカの大輸送船団をアフリカ東岸海域で撃滅し、英軍のその補給線を断ち切った場合、もちろん英軍は独アフリカ軍団に降伏し、独軍は中東に入る。親独反英感情が充満していた中東どころか英領インドにも大変動が起きただろう。実際に、一九四二年四月十一日にインド独立をめざす英印会談が決裂し、八月九日にインド側の指導者のガンジー、ネルーが逮捕され、全インドで反英不服従運動が開始されている。

世界の政治・軍事情勢が枢軸側へと一挙に大きく傾く可能性をはらんだその時、ドゥーリットル指揮のB25十六機は、日本の航空艦隊を西進ではなく全面的に東進させてしまった。各種の兵器も含め、巨大な米側の補給を受けた英軍にドイツのアフリカ軍団は敗れる。地球儀的計略が全くできず、その時期だけは世界最多の空母を持つ、単に図体だけ大きかったのが日本海軍だった。

うやむやにされた〝騙し討ち〟の責任者追及

第一部の最後になったが、次の問題も書き落とすことはできない。

戦争、戦闘で奇襲は一つの確固とした戦術で、歴史を見ても、いかに奇襲を成功させるか、いずれの軍隊も苦心した。平安末期に平家《へいけ》を破りに破った源義経《みなもとのよしつね》はその名人だったのだろう。しかし、奇襲と騙し討ちは全く異なる。

日本海軍としては奇襲だった第一航空艦隊の真珠湾攻撃が、在米日本大使館内の信じ難い怠慢によって、本国からの指定の時刻通りに日米交渉打ち切りの対米覚書《おぼえがき》（最後通告文）を米側に渡せず、無通告のまま日本機の真珠湾爆撃が始まってしまい騙し討ちとなり、日本史を汚した。この大失態は、戦中にであろうと戦争直後にであろうと日本自身が何らかの方法で、その時の駐米大使だった野村吉三郎をはじめ関係責任者を調べ、厳しく処罰し、世界に発表しなければならないことだった。が、日本はそれもせず遂に、こともあろうに関係責任者を戦後に出世までさせている。在米大使館内の怠慢によって最後通告が遅れたこと、関係責任者を不問にしたこと、その彼らを出世までさせたことで、日本は三重に汚《お》辱《じょく》を歴史に残した。

この問題を糺《ただ》さなかったり、責任者を出世させた点で、戦中の東條英機内閣と戦後の吉田茂内閣の失態は深刻と私は思う。東條内閣の場合、戦争勃発翌年の八月に交換船で在米大使館関係者らが帰国してすぐ、外相の東郷茂徳は、自著『時代の一面——東郷茂徳外交手記——』（一九八五年、原書房）によればこの問題に関しても調べ始めていたようだが、別件で東郷が辞任すると、この調べもうやむやになってしまった。しかし、この件は、内容が戦争開始そのことに絡まる失態であって、外相案件というより首相が対処、采配すべき事柄であったろうが、糾問組織の設置などを東條が指示した記録は、調べ得た限りではない。一方、戦後に第五次まで内閣を組織した吉田も、あの時の在米大使館の責任者らを結局、やはり不問にしてしまった。悲しいことだが、日本には理非曲直、信賞必罰の観念が乏しかった。

第二部で詳述するように、手に取るように米側は日本の第一航空艦隊のハワイへの接近を見詰めていたのだが、それも悟れずに日本海軍は奇襲を企て、しかし、それが騙し討ちとなってしまった失態は、米側が日本海軍の行動を摑んでいたこととは別の問題である。日本の外交暗号をとうに解読していた米側は、何日何時の指定で最後通告文が駐米日本大使から米側に届けられることも知っていたが、そのことと、その最後通告文を日本大使館が米側に渡し遅れたことは、これも別の問題である。いずれも、米側は分かっていたといって相殺される問題ではない。

一九四一年（昭和十六年）十二月八日（日本時間）の、米ワシントンでの日本側の重大失態については、前記のように、日本側のいかなる責任者も糾問されず、日本政府は戦中、戦後とも、その内閣の政治的立場を問わず頰被《ほおかぶ》りしてきたが、意のある民間のごく僅かな媒体はその問題を取り上げた。かつて私も一つの雑誌（『AERA《アエラ》』一九九一年八月二十日号）でこの件の取材、執筆をした。それに基づくと、その時の在米日本大使館では本国の外務省からの、十四部に分けられた暗号での英文の対米覚書の解読は大使館の下位の外務官僚によって速やかに行われたが、タイプライターでの清書を担当した高位の外務官僚の怠慢でタイプ打ちが大幅に遅れ、しかも非常に不手《へた》で、打ち間違いの直しも多く、本国の指定の時刻に米側に渡せなくなってしまったのである。そのころの日々の状況はいつ外交断絶なり開戦なり、あるいはハル・ノートに関する緊急問い合わせなりが、本国から来るか分からず、館内にほぼ全員が待機していなければならなかった。にもかかわらず、本省から届いた問題のその最後通告文のタイプ打ちが長時間放っておかれ、しかも、担当の高位の外務官僚は大使館内に待機していたどころか、どこかで当日未明まで遊んでいたようだ。日本の外務省とは、こんな杜撰《ずさん》、無責任な人間でも、その責任を感じて辞職することもなく、戦後は外務事務次官にまで出世できるような、くだらない所なのか。

やっと大使の野村、応援の特派大使の来栖《くるす》三郎がその最後通告文を国務長官のハルに届けた時は、本省からの指定時刻より、十五分待たされた分も含めると、一時間二十分以上も遅く、日本機の真珠湾攻撃が始まって約一時間も経っていた。これについて私は一つ取材をやり残したことがある。あの十二月七日（ハワイ時間）に真珠湾攻撃に加わった第一航空艦隊の存命の飛行士に、在米日本大使館内のこの醜態についての気持ちを尋ねてみることだった。自分たちの奇襲が騙し討ちにされたことをである。

本国の指定より一時間以上遅れて最後通告文を国務長官に渡しに行った野村、来栖は、一国の外交代表でありながら、このハルから、『ハル回顧録』（二〇〇一年、中公文庫）によると、「これほど恥知らずないつわりとこじつけだらけの文書を見たことがない。こんなに大がかりなうそとこじつけをいい出す国がこの世にあろうとは、いまのいままで夢にも思わなかった」などと罵られ、「出て行け」という意味であろう、顎《あご》でドアを示される侮辱を受けている。しかし、日本のその対米覚書は四一年春からの日米交渉の経緯を諄々《じゅんじゅん》と説いており、どこにも「大がかりなうそとこじつけ」とかはない。この対米覚書は時の外務省亜米利加《アメリカ》局第一課長の加瀬俊一《としかず》が執筆し、英訳した。加瀬は米国のアマースト大学、ハーバード大学に留学し、見事な英文を書く名文家であり、知米家だった。日本をむりやり対米戦に引き摺り込もうとした自分らの謀略をハルは罵言で隠蔽しようとしたのであろう。

ただ、このハルの回顧録には、私も同意見でハルをむしろ強く支持したい箇所がある。それは次の下りである。

「日本政府が午後一時に私に会うように訓令したのは、真珠湾攻撃の数分前に通告を私に手渡すつもりだったのだ（略）野村はこの指定の時刻の重要性を知っていたのだから、たとえ通告の最初の数行しか出来上っていないにしても、あとは出来次第持ってくるように大使館員にまかせて、正一時に私に会いに来るべきだった」（括弧内は長谷川）

まるで親が子供に、先生が生徒に、あるいは上司が、先輩が部下、後輩に諭《さと》し教えるような物言いだが、いかに高慢な書き方であったとしても、ハルのこの指摘そのものは全く正しい。

戦争行為の直前であろうと、解釈によっては同時であろうと許されるが、開戦通告は遅れてはならないのである。これは戦時国際法（一九〇七年のハーグ平和会議での「開戦に関する条約」）の鉄則であった。日本のあの最後通告文を在米日本大使館内が仮に勝手に開戦通告と思わなかったとしても、その通告文の米側への手交はワシントン時間午後一時と指定されている。手交時刻を本国が指定していたら、それには然るべき意味があるからで、出先は何が何でもそれを守らなければ、外交は成り立たない。この肝心な義務を、あの時の在米日本大使館はおろそかにし、禍根《かこん》を千載《せんざい》に残した。日本敗北が決定的になっているにもかかわらず原子爆弾を二度も日本に落としたのも、真珠湾へ騙し討ちをされた当然の報い、と米側では正当化されている。

しかし、国務長官ハルに教えられるまでもなく、アメリカへの最後通告文のタイプ清書が、在米大使館内の怠慢のために間に合わなかったら、本国からの指定の時間までにともかくハルに会いに行って、正直に事情を話し、とりあえずは口頭でも最後通告をすべきだった。指定の時刻というものの外交上の重要性が、海軍出身の野村には認識できていなかったのなら、なぜ応援特派大使で職業外交官の来栖なり、在米大使館内の外務官僚は野村に助言し、本国からの指定の時刻に間に合うようにハルの所に行かせなかったのか。その辺の実相が分かる記録類は見当たらない。野村の機転の無さも酷いが、他の大使館関係者の責任も厳しく問わなければならない顚末である。この瞬間の対処が一国にとっていかに重大な意味を持っているか、出先のこれら外務官僚は、そういう基本中の基本も分からなかったのか。日本の外交官教育というものがいかにお粗末だったか、それを証明する典型例であろう。

それにしても、この事件の最大責任者である駐米大使の野村吉三郎は戦後に『米国に使して　日米交渉の回顧』（一九四六年、岩波書店）という回顧録を書いているが、自身の重大失態は頰被りし、責任を大使館下僚になすりつけている。そこの部分の野村の記述を見てみる。

「十二月七日(日曜日)、我が政府の回答をワシントン時午後一時を以て先方に手交すべき旨の訓令に接したが、暗号の解読及びタイプライチング等々間に合はずして午後二時国務省に着し、暫く待合はして午後二時二十分、国務長官室に入った」(仮名遣いは原文のまま)

あの重大失態に関する最大責任者の説明がただこれだけである。しかも、一九九四年に外務省自身が開示したこの関係の資料や、それまでの私の取材によれば、これだけの記述にも虚偽がある。本省からの対米覚書の暗号文は担当館員によって速やかに解読されており、解読が「間に合はず」という事実はない。野村のこの記事は、迅速に暗号解読を済ませていた担当の下位館員に対する責任転嫁の侮辱である。この関係の責任は、念を入れての本省からの指示に従い、全館員を待機させ、暗号解読を終えたら直ちにタイプライターでの清書に取り掛からせていなかった大使と大使を補佐する高位の大使館幹部にある。さらには、タイプライターでの清書を担当した一等書記官が、本省から対米覚書が来つつあるにもかかわらず、どこかで遊興していて、タイプライター打ちの作業を放置していたばかりか、ろくにタイプを打てず、作業にかかっても、何度も打ち直しをしていたのである。

野村大使は更迭するべきだった！

この駐米大使野村吉三郎についてハルは同じ回顧録で「野村と私との最後の会見は、交渉のはじめから現われていた野村の手際の悪さと相通ずるものを持っていた」と、これも一国の外交代表に対する記述としては大変に無礼な、しかし、これは、それなりに虚飾の無い正直な書き方をしている。

実は、当時の駐日米大使グルーもこの野村については、ハルと同様の印象を強く抱いていたようで、駐米大使を更迭する人事が日本には必要だったという趣旨のことを彼の『滞日十年』に記している。海軍に入ってから米ハーバード大学に留学し、大統領ルーズベルトと同窓ということでか、あるいは野村が駐米海軍武官だった時にルーズベルトが海軍次官だった関係に着目してか、一九三九年（昭和十四年）九月から一九四〇年一月まで陸軍出身の首相阿部信行（陸士第9期）の内閣で外相を務め、同じ理由でか一九四一年二月から駐米大使に、その時の外相松岡洋右の要請で就任していたが、ハルやグルーに指摘されるまでもなく、全く誤った人事であった。

ハーバード大留学というが、彼は駐米大使に必須の英語がそれほどできず、それに大使の職とは何かよく分かっていなかったのか、前出のハル四原則などアメリカ側の重大対日政策の本国への、また日本側の同様の対米方針のアメリカへのそれぞれ伝達が滞り、日米交渉に非常に支障をきたしていた。考えてみれば米側はどんな人間が日本の駐米大使であろうと、ともかくいかに日本に対米第一撃をさせるかに懸命であったので、ワシントンに野村がいたことが日米破綻の原因とまではもちろん言えないかもしれない。

が、第二部で詳しく検討するように、一九四一年四月に、日本側に大幅に歩み寄った「日米諒解案」なるものを日米の民間人グループがワシントンで作り、国務長官ハルもそれを基礎に日米が話し合うことに合意したことが、駐米大使の野村から米国案と偽って本国に報告され、これで日米間の和解は成ったと軍部も狂喜したことがある。

しかし、ハルは同時にハル四原則といわれた、一歩も対日政策を譲っていない強硬方針を日本側に、この民間グループとは関係なく提示していたのに、野村は、ハルからのこの四原則提示をしばらく本国に報告せず、日本側を誤誘導さえした。

もし、一九四一年四月の、「日米諒解案」というものが取りまとめられたその段階で米側の対日基本方針が、日米民間グループがこしらえた「日米諒解案」は関係なく、あくまでハル四原則であると知らされていれば、日本側はその段階ですぐ抽象的な四原則の具体化を求め、そこで、対米英開戦の原因となったハル・ノートと同様の内容が米側から示されていれば、半年にわたる日米間のやり取りの挙句にハル・ノートを示され、度を失うような状態には陥らず、じっくり何らかの対米打開へと道を開くことができたかもしれない。その年の七月末の南部仏印進駐も見送られ、であればアメリカもこれを理由に在米日本資産の凍結をしたり、対日石油輸出の全面禁止もなく、日米対立の膠着《こうちゃく》状態は続いても、そのうちに四一年十二月初めにはナチス独軍のモスクワ占領失敗が明らかになり、日本の日独伊三国同盟からの離脱もあり得たろう。

すぐにも本国に報告すべきハル四原則を野村が一時期本国に伏せていたことは、野村の致命的失態であり、その隠蔽が判明した段階で日本政府は野村を直ちに召還し、何らかの処罰をすべきであった。それは、アメリカにも日本に対し真面目に外交対応をさせるきっかけになったろう。

仮に日米緊張が続いていたとして、そして、歴史が辿ったように、首相の近衛文麿から米大統領ルーズベルトに事態打開の日米首脳会談が提案された時、とっくに日本が野村を辞めさせ、糾問《きゅうもん》していたら、ルーズベルトないし米側は近衛の会談申し入れを受ける素振りをも見せつつぴしゃりと断る、日本を小馬鹿にしたような挑発はしなかったかもしれない。日本を嘗《な》めたようなアメリカの出方も、野村を解任するとか対米関係で真剣さ、真面目さを自分の内部に対しても貫かなかった日本自身が招いてはいなかったのか。

それにしても、海軍出身で外務省系の人間ではないということで野村は在米日本大使館の幹部たちからだいぶ敬遠され、孤立してもいたようだ。そうした外務省官僚の国益二の次の小舅根性《こじゅうと》も卑しいが、大使である立場なら、自らの職責を踏まえて野村もこれら大使館官僚を使いこなし、場合によっては関係館員の更迭を本省に求めるべきであったろう。

この野村については近衛も前出の手記『失われし政治　近衛文麿公の手記』で酷評しているが、私は近衛もだらしないと思う。

近衛はこう書いている。

「（略）これ程明らかな政変（外相松岡洋右を閣外に出す内閣総辞職をして新外相に対米英柔軟派の商工相豊田貞次郎を就けたこと）の意義も、華府《ワシントン》の野村大使には明らかでなかったのである。大使等自身之を理解しなかったのであるから、之を米国側に伝える段に至っては殆《ほとん》ど何等の手も打たれなかったのである。新内閣の成立と共にその好印象は直ちに米国に伝わり、交渉は従来の曖昧な空気を一掃して快適な歩調に移るであろうと心待ちに待っていた東京政府にとっては、この事実は洵《まこと》に心外の事と言わなければならない」

（新仮名遣い、新字体にした。括弧内は長谷川）

しかし、これほど無能な大使を近衛はなぜ馘首《かくしゅ》しなかったのか。近衛は天に唾《つば》している。

第二部

日本陸海軍の「インテリジェンス」は破綻していた

「エコノミスト」と「ゾルゲ」

「真珠湾攻撃」に関する勉強をしていて痛ましくなるのは、現代史、第二次世界大戦史の関係の日本の少なからぬ研究者、著述家が、日本海軍の真珠湾奇襲は、それだけを取ってみれば一大成功だったのだと今なお信じ込み、米大統領ルーズベルトは日本海軍の機動部隊がハワイに向い、迫っていることをしっかり知っていたのだと説く人を、爲《ため》にする陰謀論者と馬鹿にし、嘲《あざけ》って見せることである。この問題で相当の調べでもしていた結果での発言かと思うと、その書き方、言い振りから、やはりそうではないと分かる。

日本海軍の真珠湾攻撃を巡っては、東南アジアに大植民地を抱えていたイギリス、オランダ、それにイギリスの当時の自治領のオーストラリア、ニュージーランドも、日本の外務省と在外公館の間の交信、そして日本海軍の通信も傍受し、遅くとも日本の対米英開戦のかなり前からまず外交暗号の解読に完全に成功し、それには遅れたが、海軍暗号もかなり破ることができ、米側とも密に情報交換をしていたことが、戦後の戦勝国側の各種の資料、文献でだいぶ明らかにされている。このようにアメリカ、イギリス・英自治領、オランダの連携のなかで、知らぬが仏《ほとけ》とは言うが、日本の外交、海軍の動向はほとんど丸裸状態になっていたと考えられる（西洋の植民地大国といえば、フランスもアフリカなどのほかアジアでも仏領インドシナ＝現在のヴェトナム、ラオス、カンボジア＝などを抱えていたが、一九四〇年六月にフランスは自ら宣戦したナチス・ドイツに降伏しており、また同年九月には北部仏印、四一年七月には南部仏印に、仏印側と取り決めて日本軍が進駐しているので、米英蘭側と連携しての仏印当局の対日諜報活動はなかったか、活発ではなかったと推測される）。

諜報工作が有名なあのソ連は、むろん列国の暗号の解読に成功していた。それを裏付ける二部にわたる実証的著作（『The KGB in Europe and the West: The MITROKHIN ARCHIVE』、『The KGB and the world: The MITROKHIN ARCHIVE II』）が二〇〇〇年前後にイギリスで出版されている。これはイギリスのケンブリッジ大学のクリストファー・アンドルー教授（歴史学）と旧ソ連国家保安委員会（ＫＧＢ）の人間でイギリスに亡命したヴァシーリー・ミトローヒンが共同でまとめたものである。ミトローヒンが亡命に際して持ち出した膨大な内部文書を元にしているので「ミトローヒン文書」とも言われている。また事実上の同盟関係に近かった第二次大戦中の米ソ間には情報関係の連携も部分的にはあったのだろうが、日本関係でのソ連独自の諜報力を示す端的な一例を紹介する。

一九四〇年九月二十七日に締結された日独伊三国同盟を発展させる日独伊ソの全体主義四国連合をめざしながら、独ソ戦の勃発で結局米英などの連合国側と組まざるを得なくなったソ連の首相兼共産党書記長のヨシフ・スターリンが一九四一年九月三十日に、訪ソした米大統領特使のアベレル・ハリマンに「日本には対独追従を好まない徴候が見られ、日独関係冷却化の可能性がある」と注目すべき、そして実に正確な発言をした（ロシア・ソ連研究者の小澤治子《はるこ》が一九九三年に、ロシアの資料を元に雑誌『軍事史学』一〇六・一〇七号に記述した論文に基づく）。

対ソ戦を始めた同盟国のドイツを助けてソ連を東から、つまり極東・シベリアから攻める北進はせず、石油資源などを求めて日本は南進すると日本人のソ連諜者（暗号名「エコノミスト」）から一九四一年九月初旬にソ連側に通報され、それをスターリンが内務人民委員部（NKVD）の九月九日付の報告で知った事実がある（これは共同通信社モスクワ特派員松島芳彦のモスクワでの取材に基づき、共同通信社が近年配信した。この松島芳彦、そして第二次世界大戦前後の世界の諜報戦に関心がある明治大学名誉教授三宅正樹などにも取材して私も雑誌『AERA』二〇一〇年八月十六日号でこれを報じた）。この日本人ソ連諜者「エコノミスト」は誰だったのか。戦後の一九五四年（昭和二十九年）にアメリカに亡命した在日ソ連代表部二等書記官（ソ連内務省＝MVD＝中佐）のユーリー・ラストボロフが米側に明かしたソ連の日本人諜者の一人で、このラストボロフ情報によって日本の捜査当局が逮捕し、実刑と罰金が科された、その時は外務省職員の高茂《たかも》礼茂《れしげる》と暗号名「エコノミスト」が一致するので、日本の南進をソ連に通報した人間とこの髙茂礼茂は同一人と先の三宅正樹は推定している。

そして、この「エコノミスト」の通報より若干遅れはしたようだが、日本にいた有名なソ連赤軍諜者リヒャルト・ゾルゲも一味の尾崎秀実《ほつみ》からの知らせにより、一九四一年九月中に同様の見通しをソ連に発信している。

米大統領特使ハリマンに対する、先のスターリンの日本に関する的確な指摘は、これらの単数ないし複数の情報によったのか、あるいは日本の軍部、政官界、報道界に未だに未知のソ連の協力者が別にいたのか、その辺はなお不明だが、北進ではなく南進へと舵を切ろうとしている日本をスターリンは必死に、しかし正しく見詰めている。ちょうどこのころ首相近衛文麿は、日米避戦をめざして米大統領ルーズベルトと直接会談をすべく駐日米大使グルーに切に援助を求めて密談していたことは先の第一部での記述のとおりである。日独伊三国同盟からの離脱の意中までを近衛がグルーに打ち明けたかどうかは分からないが、ルーズベルトが近衛と会えば、十分に米側を満足させる大妥協に近衛は踏み切る決意でいる旨をグルーはルーズベルトに報告している。米大使グルーからワシントンへのこの暗号電文までをソ連が傍受、解読していたかどうかは分からないが、一年前に結んだ日独伊三国同盟という足枷《あしかせ》を何とか外そうと早くも日本がもがいているその姿がスターリンの目にはそのまま映っていたのである。

対日戦に備えた極東・シベリアの大兵力を西送し、独軍によるモスクワ占領、ソ連の崩壊をきわどいところでスターリンは防いだが、それは、先の「エコノミスト」や赤軍諜者ゾルゲあたりからの日本南進情報だけで果たして踏み切れただろうか。一時期、独軍の一部隊の先鋒は建物の尖塔が遠望できるくらいモスクワ市街地にまで接近していたようだが、冬支度がなされていない中での例年にない異常な寒波によって凍傷者が続出し、長雨によって関係戦線も泥濘《でいねい》化したり、戦車を先頭に猛突進してきた独軍の戦力は大きく急減していた。それでもモスクワ防衛に万全を期すために極東・シベリアからの兵力西送をソ連が続け得たのは、日本は北進しないとのよほどの確信がスターリンにあったからとしか思えない。

一九四一年六月二十二日の独ソ開戦後、やはり南進が最終国策となるまでのごく一時期、北進にも備えて日本陸軍は相当数の兵力を満洲に集中したが、それを南進へと向けるためにすでに八月のうちから、かなりの部隊を台湾その他に移動させ始めていた。在満洲の日本軍兵力のこの急減も満洲内のソ連諜者から急報されていたかもしれない。いずれにしても極東・シベリアからの兵力の大西送を実施したスターリンの手元には多方面から良質な情報が相次いでいたのではないか。他方、確実に日本に南進をさせるためにスターリン自身がとりわけルーズベルト米政権内に、そして日本そのものにもいかなる策謀を講じていたか。ここの実相はなお闇の中である。

「ハル・ノート」に逆上した日本の情報戦略の拙さ

日本にアメリカへの、それも米国土への第一撃をさせてアメリカを対日戦に、そして自動的に対枢軸戦へと蹴りやってもらえ、こうしてナチス・ドイツとの戦争で苦境のイギリスもソ連も助けられ、アメリカは世界の覇権も手中にし得た――この歴史的大転回を米大統領ルーズベルトはただただ渇望していたと、自分の勉強の結論として私は考えている。それがかなえられそうな今、空母中心の日本の機動部隊にはなんとしても真珠湾を襲わせなければならない。

こうした背景の中で、この本の第一部で見た、外交常識を欠く、あのいかにも驕慢かつ侮辱的内容のハル・ノート（ここで繰り返すと、日本にとっての主な項目は●支那と仏印からの日本の全兵力、警察の撤収●重慶の蔣介石政権以外の支那政権の否認●日独伊三国同盟の死文化）が日本に渡された。これは日本に満洲国も否認させる匂いを漂わせている。大謀略は、図抜けた諜報力と善悪無用の目的追求力が合体してのみ貫徹できる。その対日謀略の駒は、とりあえずハル・ノートの突き付けで打ち終わった。対米妥協派の外相東郷茂徳も、それを受け取って逆上してしまい、あとは、軍部、政府、そして、もうためらいは見せずに昭和天皇も、対米英戦争へと一致した。

あの第二次世界大戦で日本が、あそこまで惨めに壊滅したのは、もちろん経済力、科学技術力の格差が大きすぎたからでもあるが、無視できないのは、アメリカが課報、謀略の大国でもあったことだと私は思う。ただ、ハル・ノートの突き付けに見られるような、アメリカのこの強引な遣り口を切り返す一手は、日本がこのハル・ノートをむしろ拒否せず、この米要求に関する交渉をしたいと米国に逆に打ち返すことだとの論も当時、戦後に首相となる元駐英大使の吉田茂から外相東郷は聞かされたようだが、日本がそうした逆提案をし、それを議題に仮に日米が協議に入ったとしても、米側はハル・ノートの眼目と思われる前出の三項目は一歩も譲らなかったのではないか。それを示せば戦争になると国務長官ハルは確信してなお、それを日本に提示していたからだ。米側は日本に対米第一撃をさせるためにわざわざハル・ノートを出していたのである(ルーズベルトとの巨頭会談という場の中でハル・ノートと同様の米要求が突き付けられたら、近衛文麿は受諾したとの見方は第一部で書いた)。

有線、無線の日本の外交、海軍通信を傍受し、暗号を解読して日本側の手の内を知り、それによって日本を操り、追い込む。この策謀にいかにアメリカが力を注ぎ、そして繰り返すが、東南アジアに植民地を抱えたイギリス、オランダ、そして英自治領ともいかに連携し、成果を挙げたか。戦中から戦後、そして近年にかけても米国で各種の公式の真珠湾事件査問が合わせて九回行われたが、その中で対日戦勝後の一九四五年十一月十五日から四六年三月三十一日まで行われた米連邦議会上下両院合同調査委員会のそれの中で日本の外交暗号の解読の実態が全面的に開示された。しかし、日本の海軍暗号の解読については近年現在なお、少なからぬ事実が秘密にされていることが前出の米人ロバート・スティネットと日本の白松繁によって確かめられている（日本の陸軍暗号を米側が解読できていたか、あるいはそれにどの程度成功していたかは不明瞭である）。

もちろん日本側も米側通信の傍受、暗号解読に取り組んでいたが、米英とはその関係の能力、組織力に差があり過ぎ、今日までに知られているところでは、あまり成果は出し得ていなかったようだ。

国家というものは、どこでもそうだろうが、他国との対立の解決、そのための妥協に必死に取り組みつつも、同時に、不首尾に終わらざるをえない場合の対処も当然考えていなければならなかった。一九四一年の、特に後半の日本は、ひたすら米国との対立の外交解決に努力しつつも、一方で対米英蘭戦争の準備も怠ることができなかった。従って、米側が日本の暗号通信の傍受、解読をすれば、外交交渉で人を騙して油断させ、火蓋《ひぶた》を切る時間稼ぎをしていたと物事をねじ曲げた反日宣伝にも利用できるし、あるいは、本気でそう誤解してしまわないとも言えなかった。それに解読した邦文の英文への誤訳、曲訳もある。

それゆえ、相手国の暗号通信の傍受、解読は物事の解決を一層難しくしたり、不可能にさえする危険性をはらんでいる。戦争に至る一九四一年の日米関係はこの心配が現実となった好例と思われるが、この側面の追求はひとまず横に置き、ここでは暗号を使った日本の外務省、海軍の通信に対する米側の諜報活動や、それを梃子《てこ》とした対日謀略がいかに熾《し》烈《れつ》であったか、それを改めて概観する。これの解明に取り組んだ米人スティネットと日本の白松の努力にも敬意を表し、その成果を高く評価していることも明記しておきたい。

日本海軍の腐敗現象

だが、米側のこうした覇気に目を注ぐ前に、ただ感銘するほかない個々の将兵の見事さを別とすれば、あの当時の日本海軍、とりわけ前線、中央の上層部が総じていかに堕落した存在だったか、そのことも明記しておきたい。課報、防諜能力の低さは、当時の日本海軍の正視し難い実態の一つの表われでしかなかった。その実態とは、伝えられる例えば日露戦争（一九〇四～五年〈明治三十七、八年〉）の時の、なかでも日本海海戦に完勝したあの日本海軍と比べ、同じ国家のそれとは到底思えないほどだったのである。

第一部で述べたように、真珠湾攻撃でのあの戦果が実際は空虚なものであったという事実はそれとして、確かに、真珠湾攻撃をした、航空母艦六隻を含む日本の第一航空艦隊は、そうした戦闘単位としてはあの時点で世界最高の実力だったのであろう。日本にはその時、この六隻を含めて九隻のすぐ可動の空母があったが、アメリカは七隻だった。しかし、これは単に隻数の多寡の問題ではなく、航空艦隊という、軍艦が大砲を撃ち合う従来からの海軍の通念を大きく超えた、物をつくるハードの知力とそれを運用、展開するソフトの知力が一体化した新洋上戦闘集団の、世界初めての出現と捉えられるものだった。いまはソフト大国でもあるアメリカだが、そのころは空母を重視し始めつつも、戦闘主力としてその空母を集中投入する航空艦隊という日本が先駆けた新着想はまだ具体化されていなかった。空母のこの集中投入の際に、それぞれに護衛艦を付けて各空母を引き離しておかず、何隻も一箇所にかためて運用する、危険性無視の拙劣さはあったし、レーダー技術の立ち遅れという大弱点も見落とせないが、航空艦隊という日本の発想そのものは列国を大きく凌いでいた。

しかし、ここで強調したいのは、以上のような意味で世界の最先端にあったその日本海軍にあまりにも解せない醜悪な事実が目立ったということである。

作戦としては成り立たない対米戦劈頭の真珠湾攻撃を、内輪の、私的な馴《な》れ合い感情に流されて山本五十六に結局は認めてしまった海軍の統帥、つまり作戦・用兵系統の退化は本書の第一部で見たが、非戦時の海軍社会でも重傷者が出るほどの下級兵への差別的暴力、能力、人品とは無関係の海軍兵学校卒の無条件の優遇、戦中のことだが、必死の努力で捕虜状態から脱出し生還した者を称え、賞を与えるどころか、逆に私的処刑（リンチ）である自爆（自殺）を強制した（よく知られている一例としては、一九四二年〈昭和十七年〉三月に国際連盟のオーストラリア委任統治領ニューギニア島の豪軍ポートモレスビー基地に中型陸上攻撃機での私的処刑としての自爆を強制されたH海軍一等飛行兵曹ら数人の件がある）。

一方、高級者であれば、捕虜になり、以後の作戦が明示されている機密書類まで失った者でも栄転させる下劣（フィリピンで陸軍部隊の助けで生還した連合艦隊参謀長福留繁の件。いわゆる「海軍乙事件」で、機密書類はゲリラが発見し、米側にわたったとみられている。この機密書類の紛失にもかかわらず、以後の作戦はその書類のとおりに実施され、日本海軍は大損害を被った）。さらには大敗を勝利と捏造する国民愚弄、そして、海軍に補給能力がなく飢餓に苦しむ戦地が南東太平洋方面などに続出しているにもかかわらず、連合艦隊司令長官なら前線にいようと、司令部要員と共に、旗艦の冷房付きの部屋でフルコースの洋食を、それも軍楽隊の演奏つきで楽しむという、信じ難い悪行（連合艦隊司令長官山本五十六の件）などは、戦後に暴露された日本海軍の諸々《もろもろ》の腐敗のほんの一端でしかない。餓死していく一線の将兵を足蹴《あしげ》にするような醜悪な山本五十六の行状にしても、この山本に忠言する硬骨の参謀一人いなかったようだ。堕落したこの将にして卑しきこの部下あり、である。先のH海軍一等飛行兵曹ら数人の自爆は、命令のままにポートモレスビーの豪軍基地の上空にまでは飛来していながら、基地施設にではなく無関係の荒野をめがけて自爆している。将兵を塵芥《ちりあくた》としかみなさない日本海軍への復讐というか、むしろ堂々たる反逆ではなかったか。

敵潜水艦に見張られていたのではないか？

こうした日本海軍の劣化がなぜ、いつごろから深刻化したのかは、なお時間をかけた勉強が必要と思われるが、このように無道な実態は歴史的壮挙であるはずの、ハワイに向う第一航空艦隊（司令長官南雲忠一《なぐもちゅういち》〈海兵第36期〉、参謀長草鹿龍之介《くさかりゅうのすけ》〈海兵第41期〉）の航海中にも実は見て取れる。

敵潜水艦が航路付近に出没しているのではないかと疑う内地からの無電情報に対する反応が、真珠湾攻撃という一大使命を遂行中の艦隊のそれとしては、なんとも甘くふやけているのである。

まず、この艦隊の旗艦である航空母艦「赤城」の艦長長谷川喜一《はせがわきいち》(海兵第42期、後に戦死)の「日誌」(防衛省防衛研究所所蔵)から見ていく。その何行かを原文のまま記す。

「十二月六日　土曜日　曇驟雨《くもりしゅうう》

（略）

一七〇〇　作戦緊急信にて通信部隊発信　ハワイの北方八〇〇浬《カイリ》に敵潜一隻他の一隻と通信しつつあり　吾連合《わがれんごう》、方位測定中との情報あり　吾等《われら》の航行付近なれば一寸《ちょっと》緊張させられる」(振り仮名をつけ、新漢字に直した。括弧内は長谷川)

この「十二月六日」は日本時間と思われ、日本時間十一月二十六日に千島《ちしま》列島の択捉島《えとろふ》単冠《ひとかっぷ》湾を出発した第一航空艦隊が東進から右折、つまり南下し、ハワイ近辺に向かって接近している時である。この「日誌」によれば、ちょうど第一航空艦隊が進んでいるハワイ北方の、キロに換算して約一、四八一キロの辺りで二隻のアメリカの潜水艦が無電を交わしているというのである（以後、択捉島単冠湾はエトロフ島ヒトカップ湾と表記する）。

他方、一九六七年に出版された、当時の防衛庁防衛研修所戦史室著の『戦史叢書　ハワイ作戦』（二七六ページ）にもやはり十二月六日の日付の所に、当時の体験者のこういう記述がある。

「一六〇〇ごろ、遭遇の虞《おそれ》のある敵潜水艦らしい電波を大和田（埼玉県北足立《きたあだち》郡、海軍通信隊所在地）が方位測定したとの情報があり、機動部隊は一時大いに緊張したが、間もなく方位測定の誤りであることが解《わか》り一同ホッとした。しかしなお一抹《いちまつ》の不安は残っていた」

（振り仮名、原文にはない句読点をつけた）

また、軍事史学会編集の『軍事史学』（一〇六・一〇七号（二一八～二一九ページ）に、別の事柄についての論文（防衛省防衛研究所・北沢法隆《のりたか》著述）の中ではあるが、次の記録がある。

「竹内少佐の日記によれば、十二月六日の一七〇〇頃次の作戦緊急信が入電した。

『一五五〇通信部隊指揮官発　一七三〇訳了

〈一五一五大和田ノ七〇度（布哇《ハワイ》北方）約八百浬方向ニ米国潜水艦ラシキモノ一隻、他ノ一隻及ビ布哇基地ト交信ス、我右ノ連合測定ニ努メツツアリ〉』

電文中の地点は、ちょうど機動部隊の所在付近になるので、一時非常に緊張したが、次の一八一〇通信部隊指揮官発　一九二〇訳了電が入電した。

『通信部隊第四番電ニヨル敵潜一五二〇ノ位置、オアフ島ノ四十七度、約八百十浬』

これにより敵潜位置は、ハワイとサンフランシスコの中間であることが判明し、一同ホッとしている」(振り仮名をつけた)

以上の三つの文面とも記録者は異なるが、問題の発生月日、その顛末から察するに同一の事態を指しているとみていい。電文の「一七〇〇」とか「一五五〇」は、午後五時、午後三時五十分のことと思われ、そうすると、ことの発生時刻もおおむね重なってくる。その時点の第一航空艦隊の所在付近で米潜水艦二隻が交信中で緊張したが、内地の海軍通信隊の方位測定の誤りで、米潜二隻の所在はハワイと米サンフランシスコの中間辺りと訂正されたので安堵したというのが、先の三記録からの総合所見であろうが、いったいこの米潜二隻の交信は暗号だったのか平文《ひらぶん》だったのか。暗号だったが、日本側にそれを解読する能力がなかったのか。平文だったが、その英語が分からなかったのか。交信内容が読めれば、米潜二隻はその位置がどうであろうと、第一航空艦隊にとってやはり無関係だったか、実はそうではなかったかがはっきりしただろう。この米潜二隻に関する先の諸記録を見る限り、敵潜対策に関していかなる緊急検討がなされたのか否か、何の記述もない。内地の海軍通信隊の方位測定が誤っていたという安堵感は記録されているが、敵潜二隻の交信内容への関心はなかったのか。電波発信は止められているから問い返しは不可能だったにせよ、もともと敵潜水艦が出没していておかしくない海域に入っているのである。もし件《くだん》の敵潜二隻が初めの測定どおり、第一航空艦隊の航路付近にいたとして、その交信内容も内地で摑めないとしたら、日本海軍の真珠湾攻撃作戦とは子供の合戦遊びだったのか。その敵潜からの発信の内容によっては、通常ならハワイ基地では最大限の迎撃態勢に入ったかもしれないのである。

その点で、「なお一抹の不安が残っていた」という、二番目の記録の最後の言葉に注目したいが、ハワイに近づいている艦隊がこの程度の問題認識で留まっているということにも驚くのである。二隻の米潜の交信を傍受し、そのおおよその所在も摑めたということは、その交信がなければ、この二隻の存在も位置も不明だったのである。ということは、日本側に気づかれずに、単数か複数の米潜が、一定の距離を置いて黙って日本艦隊を交替しつつ追跡していても、発信さえなければ、その存在は分からないでいるということである。実際に、スティネット、白松によれば、第一航空艦隊の東航は米側に捕捉されていたので、当然米側は複数の潜水艦で交替しつつ追い続けていたのではないか。

そもそも、いかなる探知も受けず、いかなる船との遭遇もなく空母など三十隻もの艦艇が厳重に警戒されているはずの海域を目的点まで五、六千キロを、一切気づかれずに航行できたとしたら、むしろ〈変だ〉と思わなければおかしい。第一航空艦隊にも、その上部の連合艦隊にも、さらにその上部の軍令部にも全くその感覚は働かず、真珠湾攻撃後はただ「天祐だ」と神がかり的な陶酔に陥る。軍事集団としては完全に失格である。前述のように、第一航空艦隊というハードとソフトを融合させた傑作を世界の先頭を切って誕生させた同じ日本海軍とはとても思えないのである。狭い範囲の機能性は優れていても、総合的に物事を捉え得る知力が、日本海海戦でロシアに圧勝した慢心で失われてしまったのか。

暗号解読とスパイ網を究明する術もないのか

くどいようだが、ここでなお、もう一度繰り返させてほしい。

先の三記録の場合、第一航空艦隊の航路付近で米潜水艦二隻が交信しているのを日本側が傍受したというのであれば、即刻何らかの非常対処がなされていなければならないはずだと思うが、文面には省略したのかどうか、そのことへの言及が全くない。測定の誤りと分かったにしても、すでにかなりハワイに近づきつつある。ほかにも米潜が付近にいる可能性が十分にある。もし、米側に発見でもされたら、真珠湾への奇襲計画は、米側に謀略の意図がない普通の場合なら一挙に崩れる。空と海からの米側の一大迎撃があり得る。ハワイに接近していたとしても公海なので、米側も直ちに攻撃はせず、空母六隻を含む日本の大艦隊が米国土（ハワイ）に向かって近づきつつあるのは何ゆえかと緊急詰問を第一航空艦隊ないし日本政府に問い、日本側は進退きわまり、練習とか言ってごまかして一斉に退去せざるをえなくなり、南方を含めて日本の対米英開戦は中止となるどころか、日本そのものが米英、いや世界の非難の的となり、その時点で日本は、敗戦同然の、しかも道化的な姿を晒《さら》す。それほどの非常状態に置かれている第一航空艦隊の立場であるのに、そうした感覚が前出の関係記録からはおよそ伝わってこない。

そもそも米国ないし第三国の民間、軍事の船、飛行機との遭遇は千島列島からハワイ付近までないという、お伽噺《とぎばなし》的な前提の作戦が、博打狂と言われる連合艦隊司令長官山本五十六の我が儘で認められたというそのこと自体が当時の日本海軍の無能、腐敗を示してあまりあるが、それを実行させられた当事者たちも、まるで物事が分かっていないような先の三記録が示すように、この真珠湾攻撃作戦そのものの不可能性がおよそ認識できていないようなのである。

そして、ここで加えて明記しておかなければならないことは、米潜発見とそれを取り消す本土の海軍通信隊の先の電波は、それ自体が、日本の艦隊がハワイに迫っていることを自ら米側に暴露している内容であることだ。白松繁の研究により、米側は日本の海軍暗号を一九四一年秋までにはかなり解読し得ていたことが判明している。ほかにいかなる対日諜報活動も米側にはなかったと架空の想定をしても、内地から第一航艦へのこの電波一件で米側は日本の大艦隊がハワイに近づきつつあることを明確に知っただろう。それは直ちに大統領ルーズベルトに海軍作戦部長スタークか海軍長官ノックスによって伝えられたとみなければならない。この関係の記録は米側でどう処理されたのか。

日本海軍についてはさらに、今もって私自身も真相が摑めないでいる奇怪な問題が、この数十年なお未解決のまま残されている。次の二種類の文面がそうである。

その一つは、暗号の作成、敵暗号の解読などを担当する海軍軍令部第四部第九、第十、第十一課長を務めた大佐鮫島《さめじま》素直《すなお》（海兵第48期）が敗戦の三十六年後の一九八一年（昭和五十六年）に非売品としてまとめた『元軍令部通信課長の回想：日本海軍通信、電波関係活躍の跡』で、そこに鮫島は、

「海軍省の課長会議の模様が一週間後にはアメリカの放送にかけられた」

と明記している。

もう一つは、敗戦直後の一九四五年十月九日に海相米内光政に提出された「大東亜戦争戦訓調査資料（一般所見）」という公文書である。そこには、

「(二) 我ノ機密漏洩《ろうえい》セシコト

敵は我暗号書ヲ解読セルノ外《ほか》我枢要都《すべて》ニ「スパイ」網ヲ有シタルモノノ如ク「ミッドウエー」海戦以降我作戦ハ事前悉《ことごと》ク敵ノ詳知スル所トナリ作戦甚シク不利ニ陥レリ」（振り仮名をつけた。漢字は新字体に）

と、書かれている。

前者の軍令部課長鮫島の回顧も後者の戦訓調査資料も、少なくとも戦中に日本の海軍省、海軍軍令部内に米国ないし反枢軸側の諜報網が張られていた疑いが極めて濃厚、との意味のことが記されているのである。

『元軍令部通信課長の回想』はこの題のとおり海軍中央の一中堅幹部の個人的記述だが、

「大東亜戦争戦訓調査資料」の方は、敗戦直後の混乱状態の中とは言え、この調査のための調査委員会規定まで作られ、その委員長には、第一部で経歴を記した海軍大将野村直邦が就いており、報告書には委員長野村の印鑑が押してある。従って、この資料は、海軍の要職を歴任した同人が、この調査組織の委員長として責任を持ったれっきとした公文書であるのだが、そこに日本海軍そのものを根底から全否定する調査結果が、海軍自身によって残されているのである。このことの意味は重大かつ深刻である。

日本海軍の退廃の様相は先に幾つも例示したが、鮫島が明かしたように海軍省の課長会議の内容が一週間もするとアメリカで放送されていたり、海軍の全中枢部に敵側の課報者がいたり、諜報組織があったという事実を海軍の公文書が、戦後にではあるが明確にしたのだから、日本海軍そのものが実は日本、日本国民の第一の敵であったとみなすほかなくなる。そうとしたら、日本海軍という組織はいつごろからそれ自体として反日機関に変質していたのか。であれば、いったい日本とは何だったのか。厚生労働省の調べで軍人・軍属が合わせて約二百三十万、一般邦人が約八十万、合わせて約三百十万の死者を出したあの戦争とは何だったのか、ということになる。

海軍の全中枢組織に諜報網を敷くようなことは、戦争が勃発してからでは不可能だろうから、これは戦前から米側あるいは反枢軸側と日本海軍内の密謀が始まっていたと考えるしかない。あの「大東亜戦争戦訓調査資料」は、敗戦直後の混乱状態の中で作られたからか、結局、その調査結果に基づく新たな事実究明もなされなかったようで、この問題は一切、うやむやになってしまっている。

一方、鮫島の『元軍令部通信課長の回想』だが、そこまで鮫島は書いていないが、海軍省課長会議の中身が間もなく米国で放送されたのは一度なのか何度もか、米国のこの放送が分かった段階で海軍省はどう対処したのか。あるいは省内で組織的に隠蔽《いんぺい》されてしまったのか。今となっては、その辺を探る手掛かりもない。

野村の調査委員会のことをまた繰り返すが、海軍中枢部の対米通諜者とは誰々だったのか、あるいはどんな密謀組織だったのか。また、次の第三部で見るように、伝統的に親露・親ソの海軍だったので、対ソ通諜者も特定されていたのかどうか。すでに戦時中におおまかには人名を絞り込んではいたが、戦時の人心への影響を恐れ、事件化できなかったのか。それとも軍法会議の準備までしたり、何らかの防衛措置も講じていたが、敗戦となり、諜報者、課報組織を裁くまでの精神環境ではもはやなくなっていて、それきりとなってしまったのか。それとも、連合国側へと諸々《もろもろ》の課報、通謀がなされている状況は認識できていたが、その行為者までは見当もついていなかったのか。

鮫島素直、野村直邦の文献を凝視しつつも、今となってはもはやこの関係を究明する術もない、と私も述べる以外にないのである。

一つはっきりしていることは、あの第二次大戦での日本海軍とは、我々の想像外の集団だったということである。

外交暗号ばかりか、日本は海軍暗号もロバート・スティネット、白松繁が解明したように、対米英開戦以前から米英側に解読されていた。一九四二年五月の世界初めての空母同士の、しかし日米引き分けに終わった珊瑚海《さんごかい》海戦、その翌六月の日本大敗のミッドウェー海戦、一九四三年四月の連合艦隊司令長官山本五十六のソロモン諸島上空での待ち伏せ攻撃を受けての戦死、その他と日本海軍の暗号が少なくとも米側には読まれているとみなされる事実が続いても、暗号の変更は行われなかった。至急に暗号を変更する能力が日本海軍にはそもそもなかったからか、単に意固地《いこじ》だったのか、怠惰だったのか、あるいは海軍中枢部そのものが反日だったからなのか。いずれにしても以前のままで押し通された。外交もそうだが、暗号が破られていては、そもそも戦争も何も成り立たない。本来は徹底的に究明され、裁きを受けるべき日本海軍のこの自堕落も敗戦でうやむやになってしまったのである。

海軍の重鎮の一人である野村直邦が委員長になった前出の戦訓調査委員会は、大東亜戦争での日本海軍の体《てい》たらくの原因に、暗号が解読されていたことと海軍中枢にスパイ網が張られていたことを挙げたが、暗号の変更をさぼった重大失態を、スパイ網の存在を、もしかして針小棒大に強調することでぼかそうとしてはいなかったのか。

しかし、野村報告書にそうした卑しい虚飾は認められないのならば、早く気付いてすぐ暗号の変更をしなかった致命的な無能力も、全中枢部がスパイに侵食されていたという表現の、想像を絶する実態も、いずれも日本海軍そのものだったのだろう。であれば、どうして日本海軍とはこんなにまで下らない軍隊となっていたのか。それを私は考えなくてはいけないが、ここでは先を急ぐ。

歴史に残る労作

こんな有様を、対米英戦の主軸を担う海軍が晒《さら》している一方、主敵のアメリカの対日謀略は、第一部でも見たように、次々と挑発策を仕掛けたり、日米首脳会談開催の提案という首相近衛文麿の強力な一撃を切り返すなど、苦心しつつもいよいよ策謀の磨きはかかっていたが、この第二部では、通信の傍受、暗号解読など日本の第一航空艦隊の航海を入念に追跡しつつ、ハワイ近海までいかにこの艦隊を、そして真珠湾上空までいかにその空母機を、米国自身、そして第三国に邪魔立てさせずに無事に到着させるか、その誘導に米側が知力を絞っていたことを見てみる。

あの時の米側の対日諜報の検証で大きな業績を残したのは、すでに繰り返し名前を挙げている米人のスティネットと日本の白松である。

スティネットも白松も別にもともとの歴史ないし軍事研究者ではない。

だが、米海軍に在籍し、太平洋であの対日戦を戦い、十回も戦闘功労勲章を受け、戦後は地方紙の記者を続けたというスティネットは、日本海軍の真珠湾攻撃が、その直後の米議会への対日宣戦要請演説で大統領ルーズベルトが言明したように、本当にアメリカにとって不意を突かれた悲劇的事件だったのか、との疑問を抱き、その究明に十数年を費やした。米公文書館での克明な資料調べ、存命者への取材などにより、不意を打たれたというルーズベルト米政権側の官製史観は真っ赤な嘘で、ハワイへの日本第一航空艦隊の航海、接近を米ルーズベルト政権は十分に分かっていたと断定し、その根拠を前出の著書『真珠湾の真実』(訳書名)で発表した。

一方、理系・技術系の静岡県立静岡工業高等学校を出た白松は、ある大メーカー系列の各種部門を勤め上げて定年退職し、やがて、かねてから関心を持っていた真珠湾事件の真相の解明に取り組む。五日間にわたってスティネットにも会い、米国立第二、第一公文書館にも通い、スティネットの著作を吸収しつつ、その不備を補強し、誤りを補正し、『そのとき、空母はいなかった』を書いた。日本海軍のあの真珠湾攻撃を米側はいかに摑んでいたかを追究した広く深いこの研究書の題名としては、何か際物《きわもの》ではないかと誤解される心配はあるが、この著書もスティネットのそれと共に、歴史に残る労作であり秀作であると私は思う。以後の「真珠湾攻撃」関係の研究は、この両著を踏まえなければもはや進み得ない。

三論点の決着はついている

当時は日本国土の千島列島のエトロフ島ヒトカップ湾から第一航空艦隊がハワイへ向かっているのを米側が知っていたか否かを巡っては、これまでに主に三つの論点が挙げられている。これらがどう解明されるかで日本の真珠湾攻撃を米側は事前に摑んでいたか否かの論争に決着がつく。その三論点は次の通りだ。

（A）ハワイへ向かうこの第一航空艦隊は、徹底した無電封止をしていたとされている。

それは事実なのか、事実ではなく発信があったとすれば、この艦隊の艦艇からの電波を米側は確かに捉えていたのか。

（B）日本の外交暗号が一九四一年十二月八日（日本時間）の対米英開戦の前年の一九四〇年秋までに完全に解読されていたことは戦後に米側が公表しているが、日本海軍の暗号も対米英開戦のだいぶ前に米側は解読できていたか。

（C）第一航空艦隊の艦艇からの発信と米側がみた無電は、その艦艇が日本の内地にいると米側に誤認させるために、日本海軍がその艦艇への呼び出し符号を使って内地で実施した偽電の傍受ではなかったか。つまり米側はこの艦隊は日本内地にいると思っていたのではないか。

この三論点については、すでにスティネット、白松がその著作で明確な回答を与えている。私はスティネットには会っていないが、白松には、富士山が間近に見える静岡県御殿場市内の自宅でお目にかかり、また電話、文通でも各種の確認を何度もさせていただいている。いずれの質問にも丁寧な答えをいただいている。

（A）については、スティネット、白松ともに、第一航空艦隊からの発信を傍受していたので米側の記録文書のコピーを持っている。第一航空艦隊は完全に無電封止をしていたので米側が第一航艦の艦艇からの電波を傍受するはずがないとの反論が日本の関係論客から出ているが、実際に傍受を記録した文書が米側にあるので、この論争は勝負がついている。

当時の海軍軍令部第一部長（作戦担当）の福留繁も戦後の自著『史観・真珠湾攻撃』（一九五五年、自由アジア社）で、

「万已《ばんや》むを得ない場合の通信には予《あらかじ》め定めた隠語等によることとし（略）」（振り仮名をつけた。括弧内は長谷川）

と、無電封止の例外を認めていたことを記述している。こうした例外が許されていたのなら、次々と例外が行われ、無電封止は有名無実になる。

しかも、すでに見たように、十二月六日（日本時間なら真珠湾攻撃の二日前、現地時間なら前日）に内地の海軍通信隊が、第一航空艦隊の航路付近に米潜二隻を発見したとの警報を、米潜二隻の位置と共に発信している。間もなくこの位置測定は誤りとの訂正電が発されるが、初めの警報電でハワイ北方に日本艦隊が出現していることは十分に分かる。どんなに遅くても、日本海軍の真珠湾攻撃の前日か前々日には日本の企図は米側に筒抜けになっていたのである。

（B）については、日本の批判者から、日本の海軍暗号が米側に解読されたのは、日本海軍が大敗したミッドウェー海戦の前の一九四二年春ごろと、既存の米側文献に基づき反論が出ているが、白松は、日米開戦前の一九四一年十月ごろまでには、日本海軍の各種暗号の米側による解読率は平均して半分以上に達していたと証明していて説得力がある。その時点の解読能力はまだ高くはなかったと白松はみるが、それでも第一航空艦隊の動静を追跡する用は足りたと具体例を示している。

たとえ、「Navy Trans. 5/9/46」などと戦後の解読を示す西暦年数が入っていても、戦前にも部分解読はされていることを白松は前出の著書で証明しており、戦前非解読とは言えないと解明している。

（C）について日本の批判者は、日本側の偽電に騙されて米側は第一航空艦隊は内地にいるとみていたのだと駁《ばく》するが、交信の際の特徴が実際の第一航空艦隊の関係艦船のそれとは異なるので、米側はすぐ偽電と見破っていたことをスティネット、白松とも米側の関係文書を元に証明している。

戦艦は囮でしかなかった

第一航空艦隊の動向を米側がいかによく摑んでいたかを知るには米側の探知能力に関する以上のような基礎的な詰めは欠かせない。繰り返すが、この関係のスティネット、白松の努力、貢献は見逃せない。

さらに白松が注目するのは、日本機が真珠湾を攻撃した十二月七日（ハワイ時間）に湾内に存在していた主な艦艇は、製造年数がかなり経っている老朽の戦艦八隻など二十四隻で、肝心要《かなめ》の航空母艦二隻（エンタープライズとレキシントン）と最新鋭の重巡洋艦八隻を含む三十三隻もが、それぞれ何日か前から外洋に出航してしまっていたという事実である。そのうち、ハル・ノートが日本側に手交されたその十一月二十六日にワシントンの海軍作戦部長ハロルド・スタークからの命令で太平洋のウェーク島とミッドウェー島の各米領に飛行機輸送の任務を、急遽負わされ姿がなかった空母二隻に白松は焦点を当てた。米国の国立第二公文書館が所蔵のこの二隻の航海日誌（Ｌｏｇ　Ｂｏｏｋ）を精密に調べたところ、ウェーク島に向かったエンタープライズは航行速度が日本機が真珠湾を攻撃した十二月七日（ハワイ時間）前後に真珠湾に帰投するのを避けるように中低速に調整されているとみた。またウェーク島より近いミッドウェー島を目指してレキシントンが出発したのは、急ぎの飛行機輸送のはずなのに、輸送命令を受けて約一週間後、日本機の真珠湾攻撃の二日前だった。白松は、空母や最新鋭重巡を含む米側の三十三隻は日本空母六隻からの襲撃を避け、他日に備えて別の任務をあえて与えられて真珠湾から離され、無傷で温存されたとの結論を得た。真珠湾への日本機の攻撃が続いているのに、真珠湾のあるハワイ・オアフ島に比較的近い所にいた米空母二隻がその位置に留まって真珠湾の救援に向かってもいない。また、日本機が北方から来て北方へ姿を消したことも知られ、それほど離れていないハワイ北方海域に日本の空母艦隊はいるとみなされるのに、真珠湾近くの米空母二隻はその方面への索敵《さくてき》、そして反撃も試みていない。以上のように、ハワイ時間十二月七日朝までの米空母二隻の行動は、非常に不自然である。つまりは真珠湾への一撃を日本にさせた以上は、空母六隻を擁する大艦隊の日本側と一戦を交えてさらに湾内に加えての新たな損害を受ける危険は避け、反攻の力を保持しようとしたのだろうと白松は考える。一切がワシントンで、ハワイの太平洋艦隊司令長官キンメルを外して周到に練られていた対処であったのだろう。

結局、真珠湾に残されていた老朽戦艦八隻は日本に真珠湾への第一撃をさせる囮《おとり》だったと考えるほかないのである。私は諜者「モリムラ」のための餌《えさ》だったのではないかとみる。そして、空母を含め新鋭艦は、以上のように待避していて、全て無傷で残った。しかも、これは思わぬ奇貨ではあったが、石油タンク基地、海軍工廠、港湾施設も無事だった。ここで見過ごせないのは、空母を六隻も持ちながら日本の第一航空艦隊は、姿のなかった米空母の一応の索敵すらもせず、さっさと引き揚げてしまったことである。事前に待避していた米空母二隻はハワイのすぐ近くにいたのであり、そのうちのレキシントンは翌年五月に日米引き分けの珊瑚海海戦で大破し、やがて沈没したが、エンタープライズは翌年六月に日本が惨敗したミッドウェー海戦で大活躍する。

北太平洋を〝空白状態〟にした理由とは？

ハワイをめざす日本の第一航空艦隊の動きを米側がいかに追っていたか、それに加えて私が重視するのは、この日本の空母艦隊をどうしたらハワイまでうまく到達させ、米艦艇に第一撃を与えさせられるかと、いかに米側が懸命に策を練ったか、その跡を見ることである。ハワイ・真珠湾を襲ってほしいのに、途中で何らかの邪魔が入ったら目的を達することができなくなる。

やはりスティネット、白松の米公文書の調査によると、第一航空艦隊がエトロフ島ヒトカップ湾を出発した直後の米ワシントン時間で十一月二十五日夕、米海軍当局は米国と反枢軸国の船舶に北太平洋横断の航行を禁止する措置を取り、さらにその時、アメリカ西海岸から北太平洋を通って本国へ向かおうとしていたソ連船二隻のうち一隻は西海岸の別の港での停泊を、一隻は太平洋を南へ大きく迂回する航路を指定された。

このいわば北太平洋空白化措置が取られたころ、スティネットと白松によると、米太平洋艦隊司令長官ハズバンド・キンメルは、予期された北方からの日本海軍の襲来に備え、ハワイの北方海域で日本機動部隊を迎撃する大演習を実施したが、途中でワシントンの海軍中枢からの意向で中止させられた。北方海域の空白化は大統領ルーズベルト自身が命令したのか、大統領の気持ちを忖度《そんたく》した米海軍中枢の指令だったのか、そこは分からないが、演習中止のいわば指導は、こうした空白化措置を万全にしようとした努力の表われであったのであろう。

ルーズベルトあるいはルーズベルト政権の北太平洋空白化の狙いは明白と思われる。繰り返すが、ハワイへ向った日本空母艦隊の航行が妨げられないように完璧を期そうとしたのである。それ以外に北太平洋を空白化するいかなる必要が、その時期にあったか。それ以外は考えられない。

みすず書房の出色《しゆつしよく》の労作である『現代史資料』のうちの『太平洋戦争』全五巻の第一巻（一九六八年刊）の資料解説に、三好喜太郎による興味深い指摘がある。

「なお、この時期に（日米開戦直前期に米国の）海軍作戦部は、太平洋を横断航行する米国船舶全部に対して、日本委任統治地域の南方を大きく迂回《うかい》することを命じている。この結果として、太平洋北部には米国船がいなくなってしまった。当時の国際情勢からみて、北太平洋を米国船、日本船以外の船が航行する可能性は殆《ほとん》どあり得なかった。従って、この米国海軍の航路指定命令は、日本の第一航空艦隊の航行が商船に発見される可能性を皆無にしたことになる。勿論この艦隊（日本の第一航空艦隊）は極力商船の常用航路を避けて航海したのは事実であるが、それにしても、第一航空艦隊が最も警戒した危険を、当の米海軍が予め除去しておいたとは、いかにしても不思議な歴史のいたずらであると言えよう（略）」（振り仮名、括弧内、傍点は長谷川）

米哨戒機は飛んだのか？

真珠湾攻撃の日本海軍は北方から来るという予想は、アメリカにとって当時の軍事上のいわば公理のようなものだった。そもそも一般の民間船舶の太平洋利用は、気象の厳しい北方ほど少ないことが分かっていた。太平洋の中央部からそれ以南を通る場合は第三国の船舶にも発見される恐れがあるし、中央部経由では、米領のグアム島、ウェーク島、ミッドウェー島などの米基地の間を縫って行かざるをえない。ハワイ方向へ進んでいる、空母六隻を囲む日本の大艦隊が第三国の商船や、まして米艦、米哨戒機などとぶつかった場合、そこでいかなる事態が発生するかは、日本側にとってもだが、策謀を巡らしているワシントンの米海軍中枢にとっても想像するだに恐ろしいことだったろう。

しかし、北太平洋でも、絶対にその危険が生じないとは言えない。しかし、日本の第一航空艦隊の飛行機にはなんとか真珠湾まで来てほしい、第一撃をしてほしい。そこで米側はそこを、文字通り出入り御法度《ごはっと》の空白状態にまでした。

そして、念には念を入れて、日本迎撃の演習もやめさせた。真珠湾で日本に第一撃をさせるには、あくまで受け身で待っていなければいけないのに、日本を迎え討つ策を練ったり、演習をして張り切っていられたら困るのである。そもそも真珠湾基地のあるオアフ島には、何カ月も前から「タダシ・モリムラ（吉川猛夫）」という日本海軍の間諜《かんちょう》が在ホノルル日本総領事館員に化けて米太平洋艦隊の動静を細かく本国へ外交電報で伝えている。

前出の海軍軍令部課長の鮫島素直は先の非売品著作『元軍令部通信課長の回想』でこう振り返っている。

「開戦の時期が迫るにしたがって、対米通信諜報（米軍側の通信を傍受すること）の重点を特にハワイ方面に指向し、大和田通信隊（埼玉県内に設けられた海軍の発信・傍受部隊）は全力を集中して合衆国艦隊の真珠湾出入監視を行なうとともにわが艦隊の動静被諜知（米側が日本艦隊発の電波を捉えること）の有無確認に努めた。また、方位測定を併用して米軍特に洋上哨戒機の哨戒状況の諜知に努めた結果、ハワイ周辺の警戒が日とともに厳重になりつつあり、（一九四一年）十一月下旬にはすでに六〇〇カイリ（千キロ強）圏の日施哨戒が行なわれていることをつきとめ」（括弧内は長谷川）

当時の軍令部通信課長鮫島の記録によれば、日本海軍の真珠湾攻撃が間近い一九四一年十一月下旬の米側のハワイ周辺の警戒態勢が極めて厳重になっていることも、日本海軍側の米通信傍受によって分かっていた。予定されていた第一航空艦隊の進出地点はハワイ・オアフ島の北二三〇カイリ（四二五キロ）で、その距離から航空部隊は真珠湾に向けて空母を飛び立つことになっていて、実際にそのとおりに進行した。二三〇カイリであれば、十分に米哨戒機の警戒圏内である。であれば、なぜ空母六隻を含む、縦横数十キロに広がる三十隻の大艦隊が米哨戒機に発見されなかったのだろうか。それとも、日本機動部隊がハワイに近づいたころ、米機の哨戒活動は突然、停止されたのか。日本の真珠湾攻撃後から近年に至る間に九回に及ぶ公的査問が真珠湾問題を巡り米側で実施されたし、おびただしい数の著作も真珠湾関係で刊行されてきたが、どうして米側の哨戒機が第一航空艦隊そのもの、あるいは真珠湾攻撃へと飛ぶ日本の空母機を発見できなかったのか、通常どおり哨戒機は飛んでいたのか。通常どおり飛んでいなかったとしたら、それはなぜなのか。こういう疑問に突き当たっていたが、日本に第一撃をやらせるというワシントンの方針を受けて米太平洋艦隊司令長官ハズバンド・キンメルが、指示の日付は不明だが長距離哨戒も取り止めていたことを白松繁が教示してくれた。

「森村」→「赤城」に至る情報を米側はどう見たか

ハワイ・真珠湾の現地に話を移す。

米連邦捜査局（ＦＢＩ）の出先は焦っていたが、どういうことに日本海軍は関心を強めているかを偵察するためにでもあろうか、あるいは日本側にアメリカの「油断」をわざと見せつけようとしてなのか、ワシントンの海軍当局は「モリムラ」を完全に自由にさせていた。繁く彼は湾の辺りに身を潜め、艦艇の出入りも克明に追跡していたが、何の問題も生じなかった。この「モリムラ」放任は、少なくともワシントンの海軍中枢が関わった判断の結果と断定する以外にないであろう。

縁があって、真珠湾内を遠望できるホノルル市内の高台の前出の「夏の家」に戦後、日本から嫁入りし、今は息子夫婦に店を任せて退いている藤原美栄子は、在ホノルル日本総領事館から森村正こと吉川猛夫は、当時の「春潮楼」に「この道か、この辺りの道を通って行かれたと思います」と、車を運転しながら、眼前に続くその坂道に筆者の注意をうながした。あの「夏の家」の石垣は「春潮楼」の時代のまま、とも教えてくれた。そのほんの一瞬だが、私は対米英開戦直前のハワイ・オアフ島のホノルルにいるかのような妙な錯覚に襲われた。

ハワイでは「森村正」はあくまで在ホノルル日本総領事館員なので、彼の本国への打電は総領事名で外交暗号を使って、いったん東京の外務省へ電報され、外務省からそのまま軍令部へ、軍令部から今度は海軍暗号で連合艦隊司令部、あるいは直接第一航空艦隊の旗艦の空母「赤城」に打電された。「モリムラ」発とみなされる真珠湾関係の、その外交、海軍暗号の空母「赤城」に至るまでの流れの一つ一つまでを米側は追跡の傍受をし、暗号解読していたかは、なお非開示の記録も少なくないようで、スティネット、白松の調査でも明らかではない。が、当時の米側の対日謀略の周到さから判断して、ホノルルの日本総領事館から本国の外務省宛ての外交電報に留まらず、その内容の何が今度は海軍暗号で第一航空艦隊の旗艦「赤城」にまで届けられるか、その情報伝達の中身までを米側は追跡していたのではないか。英領シンガポールの英機関、蘭領東インドのオランダ機関の協力もあるいはあったのかもしれないが、「モリムラ」情報の何が改めて海軍暗号で本国から「赤城」に発信されているか、そこに米側が関心を持たないはずはなかったと思うからである。

「モリムラ」と東京の交信の中でもとりわけ米側の関心を引いたのは、「東京発ホノルル宛」の一九四一年九月二十四日付の厳秘電文ではないか。それは真珠湾内をいくつもの小水域に分けてそれぞれにローマ字を付け、各ローマ字水域ごとにいかなる米艦艇が通常そこに停泊するか、その情報を求めているのだ。これは日本海軍が真珠湾を航空攻撃の対象にしている重大証拠と言える。相当に苦労したのであろうが、「モリムラ」はこの要請に応える電報を外交暗号で本省に送り、それは軍令部か連合艦隊司令部から、まだ内地にいる第一航空艦隊旗艦の「赤城」に伝えられたのだろう。それが文書ではなく海軍暗号での発信なら米側が傍受し、大意を摑んだ可能性がある。そうであれば、ハワイへ向けて千島列島を出発する前から、第一航空艦隊の対米第一撃の目標は真珠湾内と米側はみなし、「赤城」との電波の発信・受信はもちろん、可能な限りの方法を使い、この空母艦隊の動きを、ハワイ北方に至るまで追跡していたと私は見る。

海軍兵学校を卒業しながら病に見舞われて療養生活を続け、結局、健康の都合で予備役少尉の身分の軍令部嘱託となり、イギリス・同属領情報担当の軍令部第三部第八課に配属されていた「森村」つまり吉川は、海兵卒としては恵まれない人生の出発だったが、後のハワイ・オアフ島での活動が示すように、彼自身としては身命を投げうっての情報収集であり、その中身も詳しく、かつ正確そのものだった。そのことは十二月七日朝（ハワイ時間）の第一航空艦隊の航空攻撃で見事に証明されているが、予備役少尉吉川のこの凄まじい献身への評価と日本海軍当局の能天気振りは別問題である。

この関係の問題を考えるにつけ、なんとも気持ちが重くなってくるのは、例えば対米英開戦時の海軍軍令部第一部長、つまり日本海軍の作戦を総括している立場の、そして、その後も連合艦隊参謀長など枢要の地位に就いている福留繁が、敗戦から十年も経った一九五五年（昭和三十年）に『史観・真珠湾攻撃』（自由アジア社）という自著でこんなことを書いているのである。

「既に記述したように、真珠湾奇襲作戦にA情報（「森村」情報）が役立つことは測り知れぬものがあった。この情報源はハワイ（日本）総領事館の諜報電にあったことは今はかくれもないことである。東京裁判（極東国際軍事裁判）も、（アメリカの）真珠湾敗戦査問会も、シオボールド少将の『真珠湾最後の秘密』も、米側は斉《ひと》しくハワイの日本人スパイの機敏に感嘆の辞を呈している。しかし別段特別のスパイ手段によったのでも何でもなく、目撃したままを打電してよこしたに過ぎなかったので、唯総領事館内には幸《さいわい》にして海軍兵学校出身後外交畠に転職した者がいて多くの便宜を得た事実はあった。

このハワイ諜報は真珠湾攻撃の前日夕刻まで続けられ、奇襲作戦の成功に多大の貢献をしたのであった。反対に奇襲が完全に行われたことは日本に在った米側スパイ活動の無効であったことを意味するものであるから、真珠湾奇襲のスパイ戦に関する限り、日本側の完勝に帰したといえるであろう」（括弧内は長谷川）

もう、言葉も出ない。こういう人間が日本海軍の中枢に居続けたのであるから、大東亜戦争の惨敗は、この一事だけでも初めから決まっていたようなものだった。

いったい「森村正」の活躍が、非常態勢下にあるとみて不思議でない、真珠湾基地があるオアフ島でなぜ何カ月も続けられるのか。やはり基本中の基本であるべきこの種の疑問が、海兵卒、海軍大学校卒の秀才が集中している海軍中枢部でいささかも生じなかったということは何を意味するのか。秀才ぞろいだという実は甚だ凡庸な場所なので、〈何か変だ〉という素朴と言えば素朴な疑念、あるいは何かを見抜く閃《ひらめ》きのようなものは、およそ湧いてもこないのか。この問題は実は、第一航空艦隊の「真珠湾攻撃大成功」という、大東亜戦争開始時の日本海軍のあの有頂天さともぴたり重なる。

石油タンク群や工廠・港湾施設という航空母艦などと共に最重要であろう目標をすべて討ち漏らしたままにさせ、湾内に姿がなかった空母の索敵もさせず、ミッドウェー島という途中の重要米基地に対する破壊命令も貫き通させずに、大航空艦隊の主力を司令長官山本五十六の連合艦隊司令部はただ漫然と帰還させた。

確かに航空隊の技量に絞れば、米側資料によっても、紛《まご》うことなく戦艦八隻を撃沈破するなど大中小の各種艦艇十八隻、航空機二百三十一機を葬り、その格納庫の何棟かも破壊した。米国の七隻に対して同九隻と当時の日本の空母隻数は世界一だったが、航空陣の戦闘能力も、その部分だけを見れば抜群だったのだろう。

しかし、私が問いたいのは、石油タンク群・各種の工務施設といういわばソフトの破壊を逸し、艦艇や飛行機というハードへの攻撃のみという小成に安んじたその安易さもさることながら、十三日に及ぶ三十隻の航海も、続く真珠湾への攻撃そのものも、なにか道が開けられてでもいたかのような状況だったことへの疑念がいささかも日本海軍中枢で生じなかったことはおかしくないか、ということである。各種の文献を見ても、この「大成功」

への疑いが海軍部内で一つも発されていないのである。

「森村」こと吉川の「活躍」と同じく第一航空艦隊のあの「大戦果」も、すでに見てきたように、やはり泳がされていたことによる、実質的には全く架空の話であった。

繰り返すが、米大統領ルーズベルトは、第一航空艦隊の動きを十分に承知していた。「真珠湾」という罠にルーズベルトは日本の機動部隊、つまり日本という国家そのものをおびき寄せて、自国への第一撃を日本にさせ、その日本に「侵略者」の烙印《らくいん》を押し、そして自衛の大義を掲げて、野党の共和党を中心に反戦色の強い自国を枢軸国との大戦に自動的に参加させ、ドイツと激戦中の共産主義国のソ連、対独宣戦して逆に窮地に陥っているイギリスを一挙に救うことに大成功したのである。ルーズベルト米政権の世界戦略の中でこの罠にかかった日本は、当時の米政権の世界戦略、世界謀略をおよそ感知できなかった、ただそれだけの空虚な存在でしかなかったのである。

アメリカは「エトロフ」を知っていた!

ここで角度を変えて、戦前からアメリカの対日策が長期にわたっていかに真剣だったか、それを裏付けるある事柄に注目してみる。

地球儀を見ればよく分かるが、ハワイ諸島を含むアメリカへは日本からは北太平洋経由が最短距離で、なかでも北方の千島列島からが一番近い。その列島は、アメリカ、イギリス、中華民国（後にソ連も加わる）が共同発出したポツダム宣言を日本が受諾して終戦となるその一週間足らず前に、日ソ中立条約を破って対日宣戦したソ連がそこも占領して事実上領土化し、ソ連の崩壊後は後継国家のロシアがなお領土化を続けているというのがこれまでの法的状態である。が、かつてその列島の中のエトロフ島は、海軍軍縮などを協議するために第一次世界大戦後の一九二一～二二年に米ワシントンで開かれた、いわゆるワシントン会議の場で米国が非軍事化を提案したが、日本が拒否している。一国の中のある島のあり方に口出しするとは、以前から米国の外交も随分乱暴だったと思うが、このエトロフ島には水深も奥行きも十分で不凍のヒトカップ湾という海軍泊地には絶好の場所があった。

かつてエトロフ島に住んでいた人（森崎ヱツ）が書いた非売品の『天寧、単冠湾の追想飛行場建設と連合艦隊出撃』（一九九六年）にはこういう記述がある。

「大正十二年ワシントン条約後、単冠湾にアメリカの軍艦一隻が入港して水深を計り、湾内の測量をして居りましたそうです。部落の人達は軍艦の観覧を許され、乗艦し、軽食、コーヒー等を御馳走《ごちそう》になったそうです。其《そ》の後、向かい側の年萌村《としもえ》で歓迎会が開かれ（略）」

このとおりであれば、エトロフ島の湾内という純然たる日本の領海にアメリカの軍艦が進入して、しかも水深などを測ったというのだから、それは日本政府が認めなければ不可能な行為なので、これについては、何らかの理由によって日本側がそれを承諾しての測量などとしか思えない。それにしても、ワシントン会議での米国の主張と言い、米軍艦による測量であれ、千島列島のこのエトロフ島ヒトカップ湾の軍事的重要性を早くから米側はよく認識していたという裏付けとなる。

真珠湾事件に関する米側の査問行為の一つで第二次大戦が終結した一九四五年から翌年にかけて行われた前出の米連邦議会上下両院合同調査委員会で、日米戦勃発の時の米海軍作戦部長ハロルド・スタークは、「エトロフ島の存在を知っていたか」と上院議員のスコット・ルーカス（民主党）に質され、「知っていた」と答えている。普通なら、米海軍作戦部長であろうと、日本の北方列島の中の一つの島の名前が頭に入っていることはないだろう。それを、思わずであろうか「知っていた」と「真珠湾以前」を意味するであろう過去形で答えてしまった。「思わず」と記したが、その島の存在を「知らなかった」と否定することは、かえって虚偽答弁となる情勢であったので、むしろあっさり「知っていた」と一応は答えたのかもしれない。しかし、以前の米海軍作戦部長のこの発言がなぜ、「真珠湾は不意討ち」という米国のいわば公定的史観は虚偽と、それを一挙に覆す一言として、議会、メディアで大々的に取り上げられ、さらなる追及がなされなかったのか不思議だが、米連邦議会上下両院合同調査委員会の追及力不足と単純に片づけることはできない。スタークのこの一言から「パンドラの箱」が開かれる恐怖に与野党委員もメディアも多くの学究者もおびえてしまったのではないか、と私は思う。そして、実は、あの戦争から長い年月が経つ今日でもアメリカの関係者は、真珠湾事件の真相を合衆国としてあからさまにせざるをえなくなる日の来ることを、党派を超えて恐れているのではないか。米国の公定的史観を受け売りしてきた様子の少なからぬ日本人も含めて。

千島列島のエトロフ島ヒトカップ湾に関する米上下両院合同調査委員会での質疑応答の触《さわ》りの原文と私の和訳をここに記す（米国立第二公文書館で白松繁氏が捜し出し、氏の著書『そのとき、空母はいなかった』に掲載された写真版に基づく）。

Senator Lucas. ……a place which I cannot pronounce, which is spelled H-i-t-o-k-a-p-p-u. Now, I was wondering whether or not you as Chief of Naval Operations were familiar with that Japanese harbor previous to Pearl Harbor?

Admiral Stark. We knew of the harbor; yes, sir.

Senator Lucas. Were any of our Intelligence men or any of the Navy men working in there at any time, or did they ever get in there to make an inspection and see what that bay was like?

Admiral Stark. Not that I know of. It might be that you will get something on that if you repeat the question to our far-eastern man who is due here.

Senator Lucas. Well, at least as far as you are concerned you do not recall that in the information you received any direct report about this particular bay in the months of, say, September, October, November, and December of 1941?

Admiral Stark. That is correct.

ルーカス上院議員　……発音はできないが、ヒ-ト-カ-ッ-プという綴りのあの場所のことだが、さて、真珠湾に先立つ日本のあの湾のことを海軍作戦部長としてよく承知していたのかどうか。

スターク提督　ええ、私共、その湾のことは知っていました。我方の諜報、または海軍の要員は随時、そこがどんな所とか、何らかの調査活動をしていましたか。

ルーカス上院議員　それについては知りません。当方の極東担当の者にその質問をしていただければ、何か分かるかもしれませんが。

スターク提督　では、少なくとも、あなたが関係していた限りでは、そう、一九四一年の九、十、十一、十二月のあの日々に、この特殊な湾について何らかの報告を直接受けていた覚えはないのですね。

ルーカス上院議員　そのとおりです。

スターク提督

ルーカス上院議員は、民主党の大統領ルーズベルトの死後を継いだハリー・トルーマンの与党の民主党員であり、故ルーズベルト大統領に近かった人物でもある。この問答を見ても分かるとおり、ルーカス上院議員とスターク提督のいわば馴れ合いである。先に、ヒトカップ湾を知っている事実をスタークが思わず口にしてしまったかと記したが、そうとすれば、ルーカス議員は懸命にスターク提督の発言を取り繕う質問をして、その場を収めたのだろうが、あるいは質疑応答に関する双方の打ち合わせが直接か間接にあって、そこでヒトカップ湾問題の収拾策を事前に示し合わせていたのかもしれない。これでエトロフ島ヒトカップ湾の一件には終止符が打たれたのだろうが、なぜ、共和党議員が、「知っていた」というスターク提督の言葉を捉え、そこを突破口に徹底的な追及を始めなかったのか不可解である。やはり議場で「パンドラの箱」を開けてしまうことを米連邦議員としてためらったとしか推量できないのである。

ハットンは何を見、何を隠したのか

一九四一年秋、アメリカ海軍はエトロフ島ヒトカップ湾の動静を何らかの方法で厳重に観察していた可能性が大と私はみる。あえて、さらに推定すれば、一九四一年十一月後半に、航空母艦六隻を含む多数の艦艇が次々と集合して舷《げん》を並べ、その月の二十六日に東へと出航していった光景そのものも、米側はその土地でか潜水艦で遠方からか、あるいはその両方によってか、観察し得ていたのではないか。

陸上からなら、怪しまれないようにもちろん西洋人風貌の人間ではなく、日本人か東洋系の人間を使ったであろう。当時、エトロフ島にも北海道の函館、根室港から、月に何回かでしかなかったが、定期船が就いていた。その時刻表もある。乗下船の際に仮にも検問を受けてもかまわないように何らかの自然な用向きはこしらえてあったであろう。それも目的を果たしたら、すぐ島を離れられるような。潜水艦だったら、探知されずにどれくらいの距離まで湾に近づけたのか。

一九三二年（昭和七年）に日本に着任してから、皇室内にも深く情報源を得たり、まさに一九四一年秋に、航空部隊の基地、艦艇の泊地を含む日本海軍の重要拠点が密集する広島県、大分県方面へ、わざわざ公然と海軍大臣の旅行許可証まで取って駐日米海軍武官、つまり駐日米海軍諜報将校のヘンリー・スミスーハットンを妻との慰安旅行を装わせて派遣したりしたのが駐日米大使グルーであり、そして、その夫婦旅行を、本人もそれを強く希望して実行したのがこの米海軍武官スミスーハットンである。あの時期にまさに日本にいる言わば諜報責任者でもあるこの二人がエトロフ島ヒトカップ湾を監視する何らかの術策を考えなかったはずはないし、またワシントンの米海軍中枢からもその指令がなかったとはとても考えられないのである。

日本の空母集団が日本の北端に近いエトロフ島ヒトカップ湾から東へ向かったという情報は、この島そのものの監視からだけでなく、ことによったら、前出のように、終戦直後に日本の海軍省内に公式に設けられた戦訓調査委員会の報告書に明記された日本海軍中枢部内の連合国側諜報網からも米側にもたらされていなかったとは言えない。

第一航空艦隊がエトロフ島に集結し、そして出航するまでに上部の連合艦隊司令部やこの第一航空艦隊の旗艦「赤城」などから発された各種の電波を分析すれば、自ずと第一航艦の作戦は摑み得たと白松繁も著書で詳しく分析している。その関連で考えると、日本海軍の電波の監視なら、それは米国だけがしていたのではない。既述のようにイギリス、英自治領、オランダもそこに加わっていた。エトロフ島そのものへの監視でも、在日英大使館も含めて英側もかなりの役割をはたしていなかったか。

要するに、あの時の日本海軍が何を企てていたか、それは真珠湾攻撃を中心にアメリカ側には筒抜けになっていたと私は考える。もちろん、それらの情報は直ちに大統領ルーズベルトにまで達していただろう。この結論は、すでに、特に米人スティネット、日本の白松が米国立第二、第一公文書館などで調べ上げた公文書類でも十分に導き出されているが、それに加えて、ここで、なお気になることを紹介しておきたい。

それは、先に名前を挙げた、日本の対米英開戦時の駐日米海軍武官ヘンリー・スミス－ハットンに対して米メリーランド州アナポリスの米海軍研究所（U.S. Naval Institute）が一九七〇年代前半におこなった聴聞を上下二巻（合わせて七五五ページ）にまとめた膨大な記録（七六年刊の『The Reminiscences of Capt. Henri Smith-Hutton, USN (Ret.), vol. I vol. II』）の内容である。日数をかけてのこの問答は、スミス－ハットンが駐日海軍武官だったあの「真珠湾」に至る時期に限らず、彼の海軍軍務の全般に及んでいるが、その年末に日本が対米英開戦をした一九四一年についても質問は多岐にわたって詳細を極め、その問答のなかでスミス－ハットンは、妻と共に一九四一年秋に日本の重要海軍基地が集中している広島県方面を観察した事実にも触れている。しかし、問題のエトロフ島ヒトカップ湾についてはスミス－ハットンからいかなる言及もなく、聴聞者からも何の問いもない。甚だ不自然である。

真珠湾を襲った日本の機動部隊の出発地が日本のエトロフ島ヒトカップ湾であったことは、戦後にまでかけて米側で繰り返された各種の真珠湾事件査問の中でも明らかになっていたことであり、しかも、スミス－ハットンに対する聴聞者は素人ではない。元米海軍将校だったフーバー研究所員と聴聞記録の前書きに記されている。日本海軍のあの真珠湾攻撃に千島列島のエトロフ島ヒトカップ湾がいかなる意味を持っていたか知らなかったとは考えられない。

私はこう推測する以外にない。聴聞にあたっての事前ないし途中の打ち合わせでエトロフ島ヒトカップ湾問題は一切取り上げないことにしたか、スミス－ハットンの方から事実、真実が語られてしまったので、その部分は後で削除されたか、ほぼそのいずれかではなかったか、と思う。この聴聞が米海軍の歴史記録として残ることを考えると、エトロフ島ヒトカップ湾からハワイへ向けての日本機動部隊の動きを米側は承知していたとスミス＝ハットンに「パンドラの箱」を開けさせる、つまり真相を述べさせることはできなかったのであろう。

対日海軍課報将校であった駐日海軍武官のスミス＝ハットンは米海軍研究所の判断、要請をおそらく受け入れたのであろうと私は思う。この筋立てを前提としての私の関心は、ヘンリー・スミス＝ハットンないし米側は当時、空母六隻を中心とした日本の第一航空艦隊が千島列島のエトロフ島ヒトカップ湾に集結し、東へと出発するのをいかにして確実に知り得たのか、然るべき人を島に潜入させて肉眼でも見させたか、そうだったらいかなる人を使ったのか、協力してもらったのか——。その全容を、もうあれから四分の三世紀以上も経っているのだから、米政府にはすっかり発表してもらいたいのである。単に探偵小説的興味からのみではなく、事実のままに歴史は残さなければならないと考えるからである。そうでなければ的確な歴史観も育たない。もし、スミス＝ハットンがその辺を語っているとしたら、削除されたその部分は、極秘扱いとしてどこかに眠っているのではないか。そうであれば、それを全て白日の下に晒してほしい。

「日本を破滅に追い込んだスパイ」とは

対米英開戦へと日本が向かう中での米英側の対日諜報・謀略戦の仕掛けは、日本側の想像を超えていたのである。

真珠湾攻撃問題の勉強をしていて、当時の日米関係当局の公式記録、主に日本の当事者の日記、手紙、回顧録、研究者の著作類を読み、存命の当事者、例えば対米英開戦の時の外務省亜米利加《アメリカ》局第一課長で最後通告の対米覚書を自ら書いた加瀬俊一《としかず》、その時の駐米海軍武官補佐官の実松譲の自宅にはかつて繰り返し足を運び、とりわけ鎌倉市内の加瀬宅には複数年にわたり何度となく訪ね、対米英開戦時の状況を中心に、あの時期のことを細かく問い続けた。そうした中で大きく浮上した問題点の一つは、戦後も暫くしてからあの当時の米英共同の対日攪乱謀略として一般にも知られるようになった、二人のキリスト教聖職者を使った対日瞞着《まんちゃく》工作である。

日本が対米英開戦をする前年の一九四〇年の十一月から開戦の年の四一年春にかけての半年ほどにわたって続いたこの事件を追及した著述の一つが、『文藝春秋』二〇〇九年一月号の作家西木正明の「日米開戦——日本を破滅に追い込んだスパイ」という記事だった。

西木はこの事件を題材にした小説『ウェルカム　トゥ　パールハーバー』上下（二〇〇八年、角川学芸出版）も書いたが、『文藝春秋』の記事は、いくつもの関係資料を元に、日本の対米英開戦に至るまでの日米外交の混乱、不調に、米英が組んだ、聖職者利用のこの対日謀略が絡まっていたと、その経過に光を当てている。

開戦時の外務省亜米利加局第一課長だった加瀬俊一も顧みて痛憤していたこの聖職者事件とはいったい何だったのか。

一九四〇年十一月二十五日にアメリカのカトリック系の通称メリノール協会派（正式名称＝アメリカ・カトリック外国宣教会）の総長ジェームス・ウォルシュ司教と同協会派事務局長のジェームス・ドラウト神父という二人の人物が日本郵船の新田丸で横浜港に着き、十二月二十八日にやはりその新田丸で帰国した。が、一カ月ほどの間に二人は、日米の緊張緩和の橋渡しをしたいと、元大蔵省ニューヨーク駐在財務官補佐でその時は産業組合中央金庫理事だった井川忠雄という人に狙いをつけて会い、日米の対立を解消させる策をアメリカで一緒に作ろうという手順をこの井川なにがしと決め、さらに各界の知名の士に次々と会ったりして帰ったのである。

そもそも外務省を差し置いたこの妙な話に、井川が一高（旧制の第一高等学校）の同窓だったことも影響してか、日米関係の悪化に焦っていた首相の近衛文麿も乗り気になり、その和解案作りというものに、支那事変の泥沼化に苦しんでいた陸軍も軍務局軍事課長の岩《いわ》畔《くろ》豪雄《ひでお》を駐米陸軍武官補佐官の身分にして訪米させ、参加させるという事態になった。

こうしてアメリカで、聖職者のうちのドラウト神父、元大蔵官僚の井川、陸軍省の岩畔という外交経路とは無関係の日米の三人が、中華民国からの撤兵には触れず、一方で満洲国の承認を米国はするという極めて日本寄りの、珍妙かつ不思議な「日米諒解案」なるものを作り上げ、そして米国務長官のコーデル・ハルも、この案を今後の日米和解交渉の基礎とする方針を示したりし、近衛、陸軍は狂喜した。が、この「日米諒解案」は、抽象的だがいささかも妥協のないように見える別途の対日ハル四原則というものと一体であることが判明したり、では先の「日米諒解案」とこのハル四原則はどう絡まり合うのかもはっきりせず、自業自得ではあるが日本は米国に小馬鹿にされたような状況に陥った。ワシントンにいて、こうした混乱の調整もできなかった海軍出身の駐米大使野村吉三郎の無能が暴露された一幕ともなったが、そこに外相松岡洋右がドイツ・イタリア・ソ連訪問の旅から戻り、このような得体の知れない二元外交が進行していたことに激怒し、「日米諒解案」を根本から書き直して、米側に送り付けた。日本側は近衛と陸軍が飛び乗り、米側は国務長官ハルもだが、大統領ルーズベルトの周辺、あるいはルーズベルト自身も深く謀略的に関わった気配があるこの「日米諒解案」事件は、日本側をただ混乱させただけで結局うやむやとなる。

無視された小野寺情報

ところで、この問題の解明には、戦後も幾星霜《いくせいそう》を経て、作家の西木正明が先のように大きく貢献している。同人による追究も踏まえつつ、少し長くなるが、私の見方を加える。

第一次大戦を終結させてその戦後処理をした、敗戦国ドイツと戦勝国の英仏米（イタリア、日本も対独宣戦の戦勝国として末端に加わる）などとの間の講和条約（ベルサイユ条約）でドイツは東の新独立国ポーランドとの間に領土関連の懸案を抱え込む。これの解決をナチス政権はポーランドに求め、ポーランドも応じる態度でいたが、反ナチスの米ルーズベルト政権が対独調整をポーランドに拒否させ、ナチス・ドイツはその報復としてポーランドに侵攻し、これに対して英仏が対独宣戦するが、フランスはドイツに降伏し、戦局の上ではイギリスも窮地に陥った。

この事態の中でもしもドイツ、イタリアと一九四〇年九月二十七日に三国同盟を結んだ日本に対英宣戦をされ、アジアの英植民地その他を突かれたら、アメリカの参戦もないいまのイギリスは独日に対して存亡の危機に瀕する。これが一九四〇年夏から暫くの英国の実態だった。そこで日本の対英攻撃を防ぎ、あるいは時間稼ぎを狙って、対米関係が険悪化している日本に米側が甘い「日米諒解案」なるものをちらつかせて、形だけでも日米和解へと暫時日本を引き寄せ、その波及効果として日本の対英宣戦も抑え込もうとしたのではないか。一九四〇～四一年の段階ではアメリカ軍部も対日戦の準備がまだそれほど進んでいなかったという事情も響いていたかもしれない。この米英側の一大謀略に、米側に知己がいた元大蔵官僚の井川忠雄が一本釣りされ、謀略の尖兵の二人の聖職者を日本の軍・官界などに引き回したり、諒解案なるものを聖職者と作る役を米側の真意も覚れずに演じさせられてしまった、という一幕だったのであろう。

米英側へのこの、とりあえずの日本抱き込み作戦には、第一次世界大戦当時からのイギリスの職業的謀略企画者の一人ウィリアム・ワイズマンという人物が裏で大きく関わっていたことも作家西木正明が米エール大学所蔵の「ワイズマン文書」を調べて明らかにした。この点での西木の功績は大きい。

日本の外務省当局は、米キリスト教聖職者―大蔵省OBの井川という、日米問題でいかなる責任も国民に負える立場にない私的グループの勝手な行動に怒りを抱き、関わりを避けようとしたようだが、そもそもから不透明なこの二重外交を勇気を持って阻止すべきだった。が、ただ冷眼視したことで、卑しい縄張り争いであるかのように井川、岩畔から世間に吹聴されたようで残念だった。首相の近衛が井川を後押しするような態度を示したり、そこに陸軍までがこの私的グループの後援者のような関わりをしたので、外務省も正面から反対できず、結局、訪欧から帰国した外相松岡が横紙破《よこがみかぶ》りをするような形で幕引きする結果となって、なにか日本側が米側に対して悪者の立場に置かれる格好になってしまった。近衛も陸軍も、謀略の本家の米英にただ手玉に取られてしまったのである。

第二次世界大戦でも、個々の人名を挙げれば、外務省の非出世組の杉原千畝《ちうね》や陸軍の小野寺信《まこと》をはじめ情報関係の優れた活動家は日本にもいた。が、それらを評価し、生かす知力、組織力が日本は連合国側の足元にも及ばなかった。同盟国のナチス・ドイツにも劣っていた。時に応じて暗号を変えたり、相手の暗号を解読する強力で膨大な人員の組織を米英側のように作り得なかったことが情報無策の何よりの証明だが、有能な個々の人物が甚だ粗略に扱われてもいた。

知られているように、ロシア語が堪能な杉原千畝は、いわゆるバルト三国の一つのリトアニアの当時の首都カウナスで一九四〇年夏に領事代理の立場で、殺到したユダヤ系難民に日本通過の査証（ビザ）を、人事異動で当地を鉄道で離れるその瞬間まで、本人の独自判断で発行し続け、戦後にユダヤ系を越えて世界に名を残している人物だ。これらユダヤ系は、独ソによって分割されたポーランドから隣国のリトアニアに逃れ、そこがソ連に併合される事態となり、最後の救いを、日本を通過していずこかへ落ち着くという策に託したのである。

大勢のユダヤ系を救ったこの杉原は総領事代理として次の次の任地のドイツ東プロイセン州の州都ケーニヒスベルクで、そこに集中している独軍の動静を周到に観察した。そして、独軍は英本土に上陸するのでソ連を攻めることはありえないとする、時の日本外務省の中でも選《え》り抜きの秀才がそろっていた在ベルリン日本大使館側に抗して、陸軍出身の大使大島浩（陸士第18期）に独ソ戦勃発はいまや時間の問題とその切迫を直言し続けた。杉原が独ソ戦の発生を確信した根拠の少なくとも幾つかは、簡単な独露会話帳がドイツ将兵に配布されている事実を摑んだり、独ソ開戦の一九四一年六月二十二日より一カ月以上前の五月九日付で本省に発信した電文にも「（独軍の）多数ノ隊付将校ハ5月末迄ニ地図判読ノ程度ノ露語習得オ《ママ》命セラル（略）」（括弧内は長谷川、外務省外交資料館所蔵）とあるように、ドイツ東端の東プロイセン州に集合している独軍部隊の実態を、入念に足で探察して知ったのである。

首都ベルリンのナチス・ドイツ官衙《かんが》と新聞からの情報に頼る在独日本大使館の外交官たちは、キャリア（出世組）でない杉原を馬鹿にし、謗《そし》る者さえいたようだが、実相を見抜く知力において杉原の敵ではなかった。戦後の東京裁判（極東国際軍事裁判）でA級戦争犯罪人として起訴され、終身禁固の判決を受けた、ナチス贔屓《びいき》で陸軍出身の駐独大使大島（後に仮釈放される）だが、在ベルリンの外交官と違って杉原のことは評価し、彼の直言は無視しなかったようだ。

一方、陸軍の小野寺信（陸士第31期）は、駐スウェーデン陸軍武官（一九四〇年十一月発令、四一年一月着任、四三年八月に少将）の時にポーランド系の人物などと密接な関係を保った（正確な法的状態は複雑なので省略するが、一九三九年八月二十三日に締結された独ソ不可侵条約の秘密取り決めによって首都ワルシャワを含むポーランドのほぼ西半分はナチス・ドイツに、ほぼ東半分はソ連に二分割されて実質的に両国の主権下に置かれることになり、同年九月一日の西からのドイツ軍の、九月十七日の東からのソ連軍の侵略により、独立国家としてのポーランドは第二次大戦中は消滅していた）。

一九四五年二月にソ連のクリミア半島のヤルタで行われた米大統領ルーズベルト、英首相チャーチル、ソ連首相スターリン三首脳のヤルタ会談の中で、スターリンが個別に米側に対し「ドイツ降伏後三カ月を経て」のソ連の対日宣戦に、日本の千島列島と南樺太のソ連への引き渡しを条件に同意した。この米ソ密約を小野寺は英ロンドン経由のポーランド筋から摑み、本国、つまり陸軍参謀本部に急報したが、なぜか参謀本部内で握り潰され、その後に日本政府は、こともあろうに、ドイツ降伏後三カ月を経ての対日参戦をアメリカに国際公約したそのソ連を通して米国側などとの講和を試みようとして、当然のことながら失敗し、逆にソ連から、日ソ中立条約を破って八月八日に宣戦され、満洲国、日本固有の領土の千島列島、日露戦争の勝利で日本がロシアから得た日本領土の南樺太《みなみからふと》、そして、合併して日本統治下の朝鮮の北部を侵略されるという、世界の外交史上でも類例を見ない醜態を晒した。

もし、この小野寺情報を受けた参謀本部がすぐ外務省に知らせ、日本政府として至急に中立国のそれこそスウェーデン、スイスにその真偽を質し、小野寺情報のとおりと確認できたら急いで米英に直接和睦を申し出ていれば、沖縄戦も二度の原子爆弾投下もなかったし、もちろんソ連の参戦もありえず、従って北海道の北の四島の日本への復帰が今なお未解決の北方領土問題も発生していない。そもそも日本の領土を本州、北海道、九州、四国と、ポツダム宣言発出国（米・英・中華民国・後にソ連も加わる）の決める諸小島に限ったポツダム宣言も出されることはなかっただろうから、千島列島も南樺太も日本の領土のままであったろう。米英ソの三カ国に限ったヤルタ会談だったし、対日関係の取り決めは一年間は秘密となっていたようなので、スウェーデンにもスイスにも、ソ連の対日参戦関係などの情報はあるいはきていなかったかもしれないが、それでも小野寺情報を受けた日本政府は、どこかの仲介を考えることなく真っ直ぐ米英に講和を申し入れることはできた。

現に、スイスの首都ベルンでは、本書の第三部でも触れるが、戦後にアメリカに新設される中央情報局（ＣＩＡ）の前身の戦略事務局（ＯＳＳ）という諜報・工作機関の欧州本部長アレン・ダレス（後のＣＩＡ長官）らと、駐独海軍武官補佐官から駐スイス海軍武官に一九四五年春に異動してきた藤村義朗（海兵第55期）が連合国への日本の和睦申し出を巡って非公式に接触しており、藤村は米ＯＳＳを通す線での終戦が可能と何度も「作戦緊急電」を海軍省、海軍軍令部に打ち続けたが、その本国は無反応だった。有為、有能な人々が生かされず、使い捨てられていたのが、あの時期の日本だった。

瀬島龍三と大島浩

それにしても、ドイツが敗北して三カ月後にソ連が対日宣戦するという、在スウェーデン駐在武官小野寺が入手し参謀本部に急報した重大極まるヤルタ密約は参謀本部のどこで消えてしまったのか。戦後日本はこの問題の究明もしていない。

当時、情報担当の参謀本部第二部の参謀で、『大本営参謀の情報戦記――情報なき国家の悲劇』（一九九六年、文春文庫）という戦後の著作で知られる堀栄三（陸士第46期）は、小野寺信のある親族宛ての私信の中で参謀本部第一部作戦課の参謀瀬島龍三（同第44期）の名前を挙げ、小野寺電の行方についてはこの瀬島が関与した疑いが濃い旨を伝えている。私はかつて新聞社勤務の時に経済部で商社を担当したことがあり、そのころ伊藤忠商事の有力な重役だったその瀬島は、商社関係の取材の重要な対象の一人であった。堀栄三の指摘をそのころ知っていたら、担当の範囲とは異なる問題ではあるが、瀬島にヤルタ密約の行方についてもとことん取材したと思う。瀬島が言を左右にしたら、堀栄三と共に瀬島宅を訪ねる試みもしていただろう。その取材方法の善《よ》し悪《あ》しについては意見が分かれるだろうが、私も断りなく方々に夜討ち朝駆けをした。堀に懇願してご同意いただけたら、おそらく休日か夜分に瀬島宅に一緒に行ってもらったろう。

第二次大戦の前も戦中も日本の諜報・防諜能力が、全体としてはいかに低かったか、それがいかに同盟国にも被害を及ぼしていたか、その実例を示して第二部を閉じる。

米側が傍受、解読していた例えば日本の外交暗号は当然のことだが、外務省とワシントンの在米日本大使館、そして真珠湾基地のあるハワイ・オアフ島の在ホノルル日本総領事館との間の交信だけではなかった。このほかに米側がとりわけ注目した一つは外務省とベルリンの在独日本大使館の間の電文だった。日独が同盟国というだけでなく、ドイツ語が達者な駐独大使の大島浩は独外相ヨアヒム・フォン・リッベントロップとは言うまでもなく、ほかのナチス・ドイツ要人とも接触を深めていたことは知られていた。従って在独日本大使館と本国外務省の交信を追跡していれば、ナチス・ドイツの内側に奥深く耳目《じもく》を入れられるのではないか、と誰しもそう考えるだろう。まさしくそのとおりであった。

例えば、連合国側の上陸に備えてフランスの大西洋岸の要所にドイツは堅固な要塞を張り巡らしたが、そこの視察をとくに許された大島は要塞の詳細などその見聞結果を克明に本国に報告している。それを裏付ける文書の一部が防衛省防衛研究所図書館に所蔵されているが、そこにはフランス大西洋岸のドイツ側要塞の鉄筋コンクリートのその鉄筋の丸棒の直径まで記されていた。陸軍、それも砲兵出身の大使らしい実に精密な観察だが、この電信も傍受、解読されていただろうから、フランス大西洋岸のドイツ要塞の頑丈さは、自分たちの敵の日本を通して攻める側には手に取るように分かってしまっていたのであろう。

そもそも陸海軍ともに日本では情報部門が冷遇され、いかに価値あるものであろうと、そこの情報が重視されることはあまりなかったことを先の堀栄三は自著で慨嘆している。あのころの日本はもともと対米英戦をなし得る器量の国柄ではなかったのであろう。忍者の伝統がある日本が、なぜ情報戦に無頓着《むとんじゃく》な平板な体質になってしまったのか。ここも別途、考察しなければならない論点と思う。

第三部

米内光政という〝平和主義者〟の虚像を剝ぐ

鼠をなぶる猫の愉悦

日本とアメリカが激しく矛《ほこ》を交えるに至った原因、背景の一つとして無視できないのは、日米双方の指導層、知識層の当時の思想、あるいは精神の状況である。まず米側から見てみる。

年末の十二月八日（日本時間）に日本海軍の真珠湾攻撃が行われるその一九四一年（昭和十六年）の後半のアメリカの対日挑発はもはや、サディズム（嗜虐《しぎゃく》欲）が剝《む》き出しだったとさえ言える。

日本の外交暗号を米側は、遅くとも一九四〇年秋までには解読し得ていたから、尋常ではないルーズベルト政権の対日敵意に日本側がいかに苦しみ抜いているか、その様子が米側には手に取るように見えていた。しかも日本の石油貯蔵量は日ごとに減っているのだ。猫が鼠《ねずみ》をなぶり殺すのを楽しむのにも似た対日嗜虐感を米側はじっくり味わい、喜々としていたと思われる。

アメリカのそうした対日敵意には、日本が、自分らが好市場とみる支那大陸を、部分的にであろうと制圧しつつあることへの単純かつ反射的な怒りも籠っていたのではあろう。

とくにこの第三部で詳述するように、一九三八年一月十五日に日本があのトラウトマン対支和平仲介の続行を蹴った影響は甚大である。その点に限れば、日本に弁解の余地はないと私は考えるが、その失態も念頭に一九四一年後半の日本は対米関係の打開に明らかに必死となっていた。

しかし、そのころのルーズベルト米政権側は世界の政治地図を描き、日本を負のつまり反動の、それも先鋭的な一大勢力と色分けする、硬直したマルクス主義的観念にとりわけ政権側の知識層が冒されていた気配が強く感じられる。世界を進歩（善）と反動（悪）の二色の陣営に色分けするのが、マルクス主義の滑稽な特徴だが、その考えに則ってユーラシア大陸では二〇世紀にマルクス主義体制による人民大殺戮も行われた。ソ連、中華人民共和国、カンボジア、その他である。言うならばマルクス主義こそは人類にとっての巨悪だった、と私は考える。

米側は日本の外務省と在外公館との間の暗号電文を次々と解読していたから、近衛文麿政権が倒れ、東條英機内閣が誕生してからの外相東郷茂徳と駐米大使野村吉三郎の間の暗号電文はもちろん全て読んでいただろう。従って、アメリカとの間で懸案を巡って多少とも何らかの妥協点を見出せないかと日本がいかに死に者狂いかを米側は十分に分かっていた。そんな中で外相東郷から駐米大使野村に送られた暗号電文の一つを、最後の方の解読分はあまりこなれていないが、ともかく見てみよう。これは、こう米側に主張せよという野村への訓令ではなく、日本側の内輪の言わば愚痴話である。日本外交当局の胸中の吐露《とろ》なのである（実松譲編『現代史資料（24） 太平洋戦争1』一九六八年、みすず書房）。

「一一月四日（至急）

一、（略）

二、（略）

三、日米会談が開始された時、この会談がこれほど長引くと誰が想像したであろうか。われわれはある種の了解に速やかに達しうることを希望し、われわれはすでに大いに譲歩し、譲歩に譲歩を重ねてきた。米国はこれに対応せず、最初と全く同じ立場を終始固執した。わが国の朝野には米国の真意を疑う者が少なくない。わが政府はあらゆる屈辱的な事柄に我慢しながら繰返えし誠意を示し、米国に譲るところがきわめて大きかった。われこうした理由は、太平洋の平和維持のためにほかならない。アメリカ人の中には、われわれの一方的な譲歩について誤解しているようであるが、ご承知の通り、それはわれわれの弱さによるのではなく、われわれの隠忍にもおのずから限度がある。（略）本大臣（注：東郷茂徳）は、われわれのすべての問題を、米国と平和的に解決できることを希望する。米国政府が、日米交渉の最後の段階において、それがわれわれとの平和維持にとって、また全世界の情勢にとって、いかによりよき影響をもたらすかを冷静に考えることを衷心《ちゅうしん》から希望する」（括弧内は、「至急」を除いて長谷川）

一九四一年十月十六日に第三次近衛文麿内閣が総辞職し、十月十八日に東條英機内閣が成立し、この政権の新外相に駐独大使、駐ソ大使を務めた東郷茂徳が就いた。四〇年九月に駐ソ大使を免ぜられて以後、東郷は無官だったのだが、駐独、駐ソという難職の経験者として白羽の矢が立ったが、その年の春からの日米交渉の経過を大至急勉強して愕然としたのであろう。一方的に日本がアメリカに苛められている――。東郷は、親独伊のいわゆる省内枢軸派どころではなく、むしろ対米英協調派だった。駐独大使だった時の彼はナチス・ドイツ寄りの片鱗もなく、任地のナチス・ドイツ政府筋からはむしろ外交用語の「ペルソナ・ノン・グラータ（好ましからざる人物）」と見られていた。その彼が、これは何だ、と仰天したのだ。駐米大使野村吉三郎への十一月四日付の先の文面は、ほぼ半年の日米関係の、一夜漬けだったかもしれないがその勉強を終えての彼の驚き、慨嘆《がいたん》が正直に表現されている。暗号から解読されたその東郷電の英訳をルーズベルト政権側が目にし、鼠をなぶる猫の愉悦を味わったのであろうか。

日本嫌いのホーンベック

当時の米国務省には四人の国務長官特別顧問がいた。その一人で極東問題を担当していたのがスタンレー・ホーンベックという人だった。日本については無知で、日本を軽蔑してなのか、アメリカに日本が開戦することは考えられないとの誤判断をし、いたずらに硬直化した対日策を提唱した。このホーンベックは支那大陸で教職に就いていたこともある支那通だったが、その前歴の中でどういう嫌な体験が日本との関わりであったのかどうか、その辺りの過去は調べた限りでは浮上してこないのだが、ともかく単に無知であるばかりか強烈な嫌日、反日で、そしてただ一方的な支那、それも重慶、つまり蔣介石《チヤンチエシー》政権贔屓《ひいき》だった。

それは、日米の各種の文献でも明瞭だが、例えばアメリカの一般的な人物事典の『AMERICAN NATIONAL BIOGRAPHY』(OXFORD UNIVERSITY PRESS)の一九九九年版でも次のように記述されている。

「In 1941 all Japanese peace proposals underwent Hornbeck's scrutiny, and not surprisingly, he found all wanting. Japan, he believed, should not be allowed even to retain part of Manchuria. In January 1941 he endorsed an oil embargo of Japan, simultaneously becoming the leading proponent for freezing Japanese funds. In August 1941 he opposed a summit meeting between President Franklin D.Roosevelt and Prime Minister Konoye.（一九四一年には全ての日本からの妥協案はホーンベックに吟味され、とくに驚くべきことではないが、全て不十分とされた。満洲の一部であろうと日本が権利を持つことは許されるべきではないと彼は信じた。一九四一年一月《ママ》にホーンベックは日本への石油禁輸を支持し、同時に在米日本資産の凍結を積極的に求めた。一九四一年八月にはルーズベルト大統領と近衛首相の首脳会談にも反対した）」

このような偏頗《へんぱ》な人物が当時のアメリカ外交当局の対日関係の要職に就いていたことは日本にとってなんとも不幸なことだった。しかし、この水準の一国務省官僚の嗜好《しこう》でのみ当時のアメリカの対日政策が決定されていたとは考えにくい。やはり時の米大統領ルーズベルト本人、そして大統領の周辺、さらには米メディアの強い反日感情が大きく影響したと考えざるを得ない。

母方の一族が清《しん》朝の支那との阿片麻薬を含む貿易で巨富を成したと言われ、そもそもから相当の支那贔屓だったとみられていたルーズベルト自身、そして、その人物を頭に戴くルーズベルト政権にとってホーンベックはある一時期に使い勝手がよかったというだけの存在ではなかったのか、と思われる。現に対日戦の勝利もほとんど時間の問題となってきた一九四四年には五月一日付でその時は極東局長だった地位を名うての知日派の前駐日大使グルーと交替させられ、やがてホーンベックは、当時の対極東と比べたら甚だ閑職の駐オランダ大使に転出させられている（ナチス・ドイツが占領していたオランダは王室・政府がイギリスに亡命していたので、駐オランダ大使とは言っても勤務地はイギリス国内と考えられる）。

要するに対日関係にお前は用済みとして始末されたのであろうが、ただ、このホーンベックも蔣介石の中華民国国民政府（仮首都・重慶）の代弁者ではあっても、そのころのルーズベルト政権の一つの主流であった親ソ連派とかマルクス主義者であった様子はない。単に異常なほどの支那派で大の日本嫌いだったという点が、その時期の反日のルーズベルト政権に重宝がられていたに過ぎないように思われる。

「大東亜戦争」を欲したスターリン

ここで疑問を抱かざるをえないのは、当時の在米日本大使館あるいは本国の外務省がいったいどれほどルーズベルト本人やルーズベルト政権の性格を研究し、ルーズベルトやその側近、さらには政権側の有力者への接近に努めていたのか、ということだ。ルーズベルトやその周辺の人物を分析し、その対策を練っていたことを示す資料・文献は残念ながら見当たらない。

そもそも、大統領のルーズベルト自身がいくら支那、ソ連贔屓だったとしても、一方で日本、日本人をどう認識していたかも見逃せない。それについてはイギリスの歴史家クリストファー・ソーンの、日本でもよく知られている著作『太平洋戦争における人種問題』（一九九一年、草思社。原題は『RACIAL ASPECTS OF THE FAR EASTERN WAR OF 1941-1945』）を一読すれば十分であろう。例えば、ソーンはこうも書いている。

「ローズヴェルトにしても、日本人の『邪悪さ』の原因は頭蓋骨の形が白色人種のものより発達が遅れているせいだとまじめに彼が信じていたことを示すはっきりした証拠がありますす」

気持ちが悪くなるような、こういう正常でない人種差別的価値観を抱く米大統領、それに仕える要職者たちが相手であろうと、それがれっきとした現実である以上、日本の外交当局側としては、その米政権側の懐《ふところ》に飛び込むくらいの覚悟、努力が欠かせなかったはずだが、各種の文献を当たっても、一つの例外を除いては、当時の日本の外務官僚らにそうした才幹は認められなかった。一つの例外とは、日米対立が深刻化しつつあった一九三九年四月に任地で客死《かくし》した駐米大使斎藤博である。対日感情が非常に悪化している中で米政府は、将官の指揮の下に斎藤の遺骨をわざわざ重巡洋艦で日本に送り届け、日本の朝野を感動させた。その人柄も幸いしたかもしれないが、積極的に斎藤は米各界の集まりに飛び込んで、率直に日本の立場を訴え、米側の理解も求め、両国の融和を呼び掛けたからである。それは、日本に対する異常な人種偏見まで抱く大統領ルーズベルトも含めて米側に深い印象を与えた。

ここで、多少脇道に逸れるが、この斎藤博に関して付け加えたい。アメリカで客死したこの人物について、陸軍のあの杉田一次《いちじ》（陸士第37期）が見落とせない重要な事実を自著（『情報なき戦争指導　大本営情報参謀の回想』一九八七年、原書房）で明るみに出している。「あの杉田一次が」と記したのは、大東亜戦争勃発の翌一九四二年の二月十五日、アジアの当時のイギリス大要衝《ようしょう》で日本陸軍第二五軍の猛攻を受けたシンガポールの陥落が、第二五軍司令官山下奉文《ともゆき》（陸士第18期）とマレー・シンガポール地区英軍司令官アーチボルド・パーシバルの談判で決まったその席の山下の、向かって右脇に杉田は、第二五軍情報参謀として立っていた。その談判光景の写真と戦争画は共によく知られている。この杉田は、英司令官パーシバルらが白旗を掲げて談判会場に出頭する道案内もし、その時の写真、戦争画もある。絵はいずれも宮本三郎だ。知る人ぞ知るこの杉田がその著書によると、駐米大使の斎藤博が一九三六年春に米大統領ルーズベルトの私邸で大統領と直《じか》に懇談する機会があり、その席で斎藤が太平洋の平和を守る日米協調体制の構築、平たく言えば日米同盟の締結を説き、ルーズベルトの指示で国務長官のハルが斎藤と秘密会談を始めたが、列国の中華民国支持を批判する声明を外務省情報部長の天羽英二《あもうえいじ》が突然発表した影響で、斎藤博のこの試みは頓挫してしまった、というのである。他の文献も参考にしての同書での杉田の注記によると、日本の対米英開戦の翌年に米大統領ルーズベルトは、斎藤の提案は自分が斎藤と二人で取り組むべきだったと悔やんだようだ。独伊ないし独伊ソの全体主義国家とではなく米英側に立つ可能性がなお日本にはあることを斎藤は米側に理解させようとしていたのだろうが、その志《こころざし》の半ばで彼は他界してしまった。

斎藤とルーズベルトが語り合い、そして斎藤とハルが秘密裡に話し始めた一九三六年（昭和十一年）春の段階はまだ支那事変も発生してはいなかったし、米英側と独伊側のいずれと組むか、あるいは中立か、日本の選択肢はまだ一つには固まっていなかった。独伊ないし独伊ソとではなく米英と連合する道もなお開けていた。政治の舵取り次第では自由経済を基本とする日米英連合もなおありえたと思えるが、やはり支那事変の勃発、後述のトラウトマン日支仲介の日本による打ち切りという、いずれも不可解な出来事が日本の運命を決めてしまった。

こうした状況の中で、太古からの天皇を戴き、一方で工業化が急速に進展しつつあったなお自由経済が基本の日本を、世界共産主義革命をめざしたコミンテルンは集中的に打倒すべき主敵の一つとみなした。コミンテルンが発表しているその方針《テーゼ》を見れば明らかである。暴力を含めた階級闘争により人類は無階級の共産社会に達し、それは歴史の科学法則とするマルクス主義に基づく世界共産主義化機関がコミンテルンで、「共産主義インターナショナル＝Communist International」という名称でロシア革命の二年後の一九一九年にモスクワに設立されたが、いったんは連携したそのナチス・ドイツとの戦争でソ連が自由主義の米英と連合した結果、一九四三年に形としては廃止されている。

一方で、一九二九年十一月二十四日の米ニューヨーク証券取引所での株価の大暴落に端を発したいわゆる世界大恐慌の中で、その克服を唱えて、一九三二年の大統領選挙で勝利した米大統領ルーズベルトの政権には、マルクス主義、共産主義信奉の、コミンテルンに影響された知識職が多数参入し、その実情は、和訳が二〇一〇年に出版された前出の『ヴェノナ　解読されたソ連の暗号とスパイ活動』（中西輝政監訳・PHP研究所）によってかなり明るみに出された。が、直接的に親ソ連、親コミンテルンの工作活動に関与していなくても、マルクス主義的思考がルーズベルト政権内に瀰漫《びまん》していれば、天皇制度の日本はそもそもから「悪」という大前提で対処される。

本書の第一部で考察したとおり、あのハル・ノートは、とりあえずの時間稼ぎとして米側で作られた日米暫定協定案に換えて突然、日本に突き付けられたものだが、その原因の一つとして、マルクス主義者で蔣介石顧問の米人オーウェン・ラティモアが重慶から米大統領補佐官の一人でやはりマルクス主義者のラフリン・カリーに蔣介石の怒りを伝え、この暫定協定案を潰す強い働き掛けをしたという経緯を強調する説もある。

ルーズベルトの側近、周辺にはこのほか、強い親ソ派とみなされ、一時期は米大統領官邸のホワイト・ハウスに同居していた前記のハリー・ホプキンス、戦後にソ連の諜報者であることが暴露された国務省高官のアルジャー・ヒス、同じく財務省高官のハリー・ホワイトなどが目に付く。

ヒスは、日本の千島列島、南樺太《からふと》を、対日参戦の代償としてソ連に渡すことなどを決めた一九四五年二月の米英ソのヤルタ会談にルーズベルトの随員として加わっており、そこでのソ連首相スターリンの日本領土奪取にも密接に関わった疑いが強く持たれている。

ホワイトは、日本でもよく知られているように、アメリカが日本に突き付けたあのハル・

ノートの原作者とみなされ、これまでとくに日本で問題視されてきた人物だか、戦後も暫くして、そのこととは別にソ連諜者と米議会でやはり指弾されて間もなく死亡した。死因については心臓病のほか自殺、口封じの他殺と諸説がある。

ここでの問題は、ルーズベルト政権側の、それも中枢部の多数の親ソ派、マルクス主義者が、対米英開戦へと少なくとも一九四一年に日本を挑発、ないし誘導する米大統領ルーズベルトの謀略にいかに関わったか否かである。日本敗北後のアメリカの日本占領政策の形成、延《ひ》いては、一九五二年(昭和二十七年)の対日平和条約の発効で主権を回復、つまり独立して以後の日本にまで影響を及ぼしていないとは言えないかもしれないので徹底した究明が必要なのだが、戦後も長いのにこの分野を深く掘り下げた研究は、調べ得た限りなお見当たらない。

ともあれ、一九四一年末に日本は米英への宣戦という南進を選び、同盟国ナチス・ドイツに呼応してソ連を攻める北進を捨てたことで、アメリカの、とくにルーズベルト政権内の親ソ派、マルクス主義者は歓喜したであろう。その大東亜戦争こそを彼らは日本にして欲しかったのであろう。対独戦でソ連が持久力を示し始め、対日戦用の極東・シベリアの戦力も急遽西方に大移動させて、首都モスクワのすぐ前面でひとまずナチス・ドイツ軍の猛攻を撃退はしたが、最終的にはなお独ソのいずれが勝つかまだまだ不明の戦況の中で、なおソ連は攻めず、そしてアメリカを第二次大戦へと引き出す日本の対米英開戦は、独対ソ、独対英の力関係を一挙にソ連、英国側へと急好転させたのである。

親ソの海軍、反ソの陸軍

これより前から、一九四一年三月十一日の米国での武器貸与法（レンド・リース法）の成立により、アメリカはイギリスに軍事物資の援助を堂々と始めていたが、独ソ戦のソ連に対しても同法に基づく大がかりな軍事援助が始まっていて、概数ではあるが、戦争終結までに戦車一万台、トラック二十三万台、航空機二万機などと実に膨大な軍需品がソ連に供給された。それに加えての日本の南進である。

アメリカのこの大支援が欠けていたら、ソ連を言わば背後から衝く日本の北進は結局なかったにもかかわらず、ソ連はやはり最後にはナチス・ドイツに敗れたと思われる。が、米国からソ連への援助物資の輸送経路は北極圏、インド洋—イラン経由のほかに日本近海を通り極東のウラジオストック港などに入る経路の利用も目立った。日本海のウラジオストック港が米国からソ連への大物資補給路の一つとなっていることを、日本は同盟国のドイツから再三にわたり厳重に抗議されても、それを聞き流す以外になかった。たとえすぐ対米英開戦になる時点であろうと、まだ戦闘状態でなければ、いくら日本近海を続々と通っていようとそれら米船を撃沈することはできないし、また、ソ連を討つ北進ではなく米英と戦う南進を選択した以上は、当然のことながらソ連との間は極力静穏にしておきたい。日本の対米英開戦の後はソ連も、ウラジオストック港など極東経由の物資輸送はできるだけソ連船を使うようにしていたようだが、仮にソ連の港へ向かうとみられる米船が発見されても日本海軍はそれを攻撃できただろうか。敵船なので国際法的には可能であろうが、実際には控えたのではないか。この関係の記録が乏しいので、明確なことは記述できないが、とりあえず日本が南進したということは、兵力を対独戦に大きく集中できただけでなく、日本海—極東経由での米国からの物資輸送も阻まれずに済んだので、この点でも日本の南進はソ連を大きく助けた。アメリカからの膨大な物資援助がなければ、日本が北進しなくてもソ連は対独戦に敗れた可能性があると記したが、その米国からソ連への第二次世界大戦中の大物資補給路の一つは日本海軍が支えていたも同然なのである。

この問題については、本書の第一部でも引用した大本営陸軍部(陸軍参謀本部)第二十班(戦争指導班)の参謀種村佐孝の著作『大本営機密日誌』の、対米英開戦二日前の昭和十六年(一九四一年)十二月六日の項にもこのような記述がある。

「なお、最近ウラジオストックを通ずる米国の援ソ物資は次第に多くなりつつあるので、リッペントロップ《ママ》独外相から大島（駐独）大使を通じて援ソ物資の阻止方を要求して来たが、これに対する回答を次の如く出すことに決められた。『日本の作戦の見地上、ソ連との戦争に入ることを絶対に避けなければならぬ時期の間は、十分にこれを実行出来ぬことを諒承せられたい』」（括弧内は長谷川）

幾つかの中立国を除いて、日独伊の枢軸国側と米英ソの反枢軸国側の二つに世界がほぼ完全に分かれた第二次世界大戦において奇妙な例外だったのは、もともと国家単位としては敵視し合っていた日本とソ連が一九四一年四月十三日に結ばれた日ソ中立条約という紐《ひも》によって双方の背中が、終戦直前のソ連の対日宣戦に至るまで、割りかししっかりと繫がっていたという事実である。もちろん、混み入った日ソ間の利害がその形を必要としたからではあろうが、日露戦争以後の日本海軍が、後述のように伝統的に親露・親ソであったことも陰に陽に影響していなかっただろうか。

アメリカというよりルーズベルト米政権がとりわけ第二次大戦中に親ソで、事実上の同盟関係とも言うべき間柄だった一方で、この米国との戦争を主導して惨敗した日本海軍も実は、一九〇四年〜〇五年（明治三十七、八年）の日露戦争以後は親ロシアだった。この友好関係は一九一七年のロシア革命でマルクス・レーニン主義のソ連が誕生し、さらに一九一九年に、この主義による世界革命をめざす前出の超国家組織のコミンテルンがモスクワに設立され、そこが天皇制度の廃止を方針《テーゼ》として決めても、日本海軍は依然親ソ色が濃厚だった。少なくとも第二次大戦直前ごろまでは厳しく反ソだった日本陸軍とは、その点でも対照的だった。

日本が米英と戦端を開くまでの時期に駐日米海軍武官だった前述のヘンリー・スミスーハットンは、米海軍研究所によるこれも前記の口述記録作成に際して、質問者から一枚の写真を見せられ、それについてこう説明している。それは一九三九年九月に欧州で第二次大戦が始まった後のことだが、当時の日本の海相吉田善吾が水交社《すいこうしゃ》とみられる海軍のクラブに列国の駐日海軍武官を招いて昼食会を催したことがある。その時、招待主の吉田海相の右隣りという最上席を与えられたのは、後の同盟国の独伊の武官でも大海軍国の米英のそれでもなく、日露戦争での大敗北後は海軍国としては三流の扱いの、しかも共産主義国のソ連の武官だったという。年月を経ても、なおこの一場面は、駐日米海軍武官スミスーハットンにとっては甚だ注目すべき特異な事実であったのであろう。

ルーズベルト米政権の著しい親ソ色は、大統領ルーズベルトが敵視するナチス・ドイツによってソ連が一九四一年初夏に侵略されたそれの反射作用という面もあるだろうが、繰り返すが、ルーズベルト政権内には、一九二九年のニューヨーク株式市場の大暴落から起こった世界経済恐慌の影響を強く受けた、自由経済否定のマルクス主義者、共産主義者が多数入り雑《ま》じっていたので、そうした思想上の理由からもその親ソの特徴は説明できる。ニューディールと呼ばれたルーズベルト政権の大がかりな公共事業政策はソ連のやり方を模倣してもいた。

しかし、日本海軍の場合、その親ソ色の原因をマルクス主義、共産主義といった主義、思想に求められるかは、若干の人物を除いてはなお疑問がある。イギリスに次ぐ第二の海軍大国とも言われたロシアの主力艦隊に日露戦争で完勝して以後、日本海軍の仮想敵国は、海軍の規模を維持、拡充しようとするその組織利害の要請からも、太平洋正面の、これまた大海軍国のアメリカとなり、従って日本海軍の活動舞台も満洲、朝鮮近辺の黄海や、日本海、東シナ海ではなく、その彼方がアメリカである太平洋となり、大建艦に国費を注いだ。ただ、一方の日本陸軍の主敵はなお、もはや大海軍を欠くものの依然大陸軍国のロシア、次いで共産主義革命後のソ連であり、これとまた戦端が開かれれば、つまり北進となれば、それはほとんど陸軍の舞台であって海軍の出番はあまりない。大艦隊は宝の持ち腐れ、国費の浪費となる。従って、組織維持の点からも海軍は何としても陸軍の北進を阻みたい。

日本海軍の親ソ感情は、一つにはこうした組織利害の反射作用でもあった。が、いまひとつソ連領の、それも日露戦争での勝利で日本領となった南樺太の隣のソ連領北樺太に豊富な石油資源が広く発見されていた。明治末期から大正期にかけて艦艇の燃料が世界的に石炭から石油に変わったその海軍としては、この関係からも北樺太油田を持つロシア、そしてソ連との友好は極力守っていきたかったのである。一つの国家で陸軍と海軍の利害が正反対という、国防上も極端な矛盾を宿していたのが明治末・大正・昭和前期の日本で、このように国防の基本政策が端《はな》から歪《いびつ》な近代国家はほかに見当たらない(北樺太の石油資源については、油田面積の確保を日ソで半々とする四十五年間有効の契約が一九二五年に日ソの関係機関の間で結ばれたが、一九四一年四月の日ソ中立条約締結の際に日本はソ連からこの石油利権の解消を求められ、一九四四年に日本はこの利権をソ連に移譲した。北樺太の石油資源を巡る日ソ間の角逐《かくちく》については、日本近現代史研究者の駄場裕司《だばひろし》の論文「日本海軍の北樺太油田利権獲得工作」=『日本海軍史の研究』所載=がある)。

こうした背景の中で日本海軍が北進を嫌い、石油資源などの豊庫をめざす南進を主唱したり、支那大陸を巡る日米対立も絡まって、本来は日本に無用の対米戦にまで、まるで海軍力の腕試しでもするかのように挑まざるをえなくなり、完敗する。それも、机上演習も含めてその作戦が根本から成り立たないことが明白だった真珠湾攻撃でその火蓋《ひぶた》を切った。

アメリカにとっては、なんと見事に自分らの掌上《しょうじょう》で踊ってくれたことか、という思いがあるであろう。

米内光政は何故被告にされなかったのか

真珠湾攻撃などで始まるこの大東亜戦争、そして、その直接の前史である支那事変の勉強をしていて、どうにも奇妙なことは、戦前から敗戦後の陸海軍省の廃止に至るまで、対米英開戦の一年半ほど前から終戦の一年余前までの暫くの間を除くと、七つもの内閣で連続的に海軍大臣を務め、その間の対米英開戦の前年にはほぼ半年ではあるが、一度は首相にもなった米内光政という海軍の最重鎮の実像、実体がさっぱり見えてこないということである（米内は一九四〇年の一月十六日から七月二十二日まで首相をしたほか、昭和十年代前半の林銑十郎《せんじゅうろう》〈陸士第8期〉、近衛文麿、平沼騏一郎《きいちろう》の各内閣で連続して海相を、戦争末期の小磯国昭〈同第12期〉、鈴木貫太郎〈海兵第14期〉、終戦直後の東久邇稔彦《ひがしくになるひこ》〈陸士第20期〉、幣原喜重郎《しではらきじゅうろう》の各内閣でも連続して海相を務めた）。

この経歴からすれば、当時の日本海軍の最有力者、もっと言えば支那事変、そして事実上その延長である大東亜戦争の重大責任者とみなされるべき人物だが、なぜか戦後にあの日本海軍の、さらには日本そのものの代表的平和派、良識派の少なくともその一人だったかのような扱いを各種の文献、報道などで受けている。

米内の出身地の岩手県盛岡市には同人の銅像もあり、明治期以降に活躍した盛岡市ゆかりの人々を紹介する、公益財団法人盛岡市文化振興事業団運営の「盛岡市先人記念館」という文化施設には、そうした多数の先人のうち米内には、戦前に国際連盟事務局次長まで務めた新渡戸稲造《にとべいなぞう》、アイヌ民族の叙事詩「ユーカラ」の研究者金田一京助《きんだいちきょうすけ》と並んで独立した記念室が設けられ、前出と同趣旨の説明も付けられている。また一九八七年から二〇一一年までの二十四年間、同市内には「米内光政会」（岩手日報内に事務局）という言わば米内光政同好会もできていて、そこでは毎年、米内の命日の四月二十日の前後に、同人を称え偲《しの》ぶ総会が、少なからぬ人数を集めて開かれていた。忘れることもできない昭和のあの日々の戦争関係者の足跡に思いを致すことは大切であろう。それら先人への各自の評価ももちろん自由である。しかし、そうした歴史の追憶に、意図的ではなくても虚偽、誤りが交ざっていてはならないと思う。

多少とも当時の歴史に勉強の鍬《くわ》を入れれば、この米内こそが支那事変を拡大激化させ、やがて対米英開戦へと当時の日本を向かわせた張本人の少なくとも一人であることが判明するのだが、今日に至るまでその事実には、例外的な文献類を除くと、まず蓋がされている。どうして、実像を逆にするような虚飾が罷《まか》り通ってきたのか。その理由は、米国に対日敵意をさらに募らせた大きな原因の日独伊三国同盟の締結に対し、それが日本の大きな課題となった一九三九年（昭和十四年）前半の平沼政権の時に海相として反対していたり、A級戦争犯罪人を裁くという戦勝国側の戦後の東京裁判（極東国際軍事裁判）で起訴されなかったためなのだろうか。

東京裁判では二十八人の日本の政治家、軍人などが、戦争を起こしたA級戦争犯罪人（B・C級は捕虜の取り扱いを定めた戦時国際法の違反者など）として裁かれ、公判中に死去した二人、精神障害を理由に免訴となった一人を除き、七人が絞首刑、十六人が終身禁固（日本が主権を回復した後に仮釈放）、一人が禁固二十年（同）、一人が禁固七年（同）の判決を受けたが、その法廷の被告になぜか確かに米内は含まれていない。

米内は日本ないし日本海軍の南進政策に無関係か、その批判者とでも勘違いされていたのであろうか。そもそもあの東京裁判なるものを、戦勝国側の一つの無法、残虐として私はそのやり方を否定し、認めないが、そのこととは別に、あの裁判の首席検察官の地位を得た米側もなぜ米内をその被告にしなかったのであろうか。

支那事変拡大の最大の責任者

日本のあの真珠湾攻撃に至る日米対立について考えてみる。一九三七年七月七日に始まる中華民国北京《ペキン》付近での日支両部隊の衝突がその一帯か、広がっても華北で収まっていれば、あのような米英との大東亜戦争の発生、そして日本の大敗北という結末にまではとても発展しなかったろうと私は思う。華中、華南へと支那事変があのように拡大しなければ、いくら日本大嫌いの国務省担当者や多数のマルクス主義者、親ソ派を抱えたルーズベルト米政権であろうと、実際の歴史が見せたあのような対日挑発はできもしなかったのではないか。

戦闘行為を双方とも即時停止し、和平交渉に入ることを申し入れる密書が中華民国国民政府を率いる蔣介石から、北京郊外で日支両部隊が衝突して十日か二週間ほどで駐日英大使を通して当時の外務次官堀内謙介の手許に届けられていたことを、当時の駐日米大使のグルーが、戦後に出した前出の著書『波高き時代』のなかで明らかにしているが、そのように実は蔣介石は日支の衝突を何とか早く局地解決しようと必死だったように思われる。かつて日本に亡命し、民族主義者頭山満《とうやまみつる》の家に仮寓《かぐう》したこともある知日派の蔣介石なので、事態をすぐにでも収拾したかったのではないか（一九三七年七月七日の北京郊外の蘆溝橋《ろこうきょう》近くでのいずこからかの日本部隊〈一八九九～一九〇〇年の北清事変＝義和団事件＝を終結させる国際取り決めで列国と共に駐留〉への銃撃は中国共産党の謀略とする研究が定説となりつつあり、私もその説を支持するが、その件にはここでは踏み込まない。中国共産党側のこの謀略に第三国側や日本の内部、それも蘆溝橋事件の直前の六月四日に誕生した第一次近衛政権内やその周辺のマルクス主義者らは無関係だったのかどうかが私にはまだ不明だからである）。

しかし、その翌八月に入って上海《シャンハイ》で日本の海軍士官と水兵が支那側に殺害されるや、陸軍参謀本部側が上海方面からの日本人居留民の引き揚げまで提唱し、大陸のいずこの勢力からかの挑発にも乗らずに事態の早急な鎮火を図ろうとしたのに、時の第一次近衛文麿政権の海相米内光政が陸軍の派兵（第二次上海事件）を激しく要求し、それどころか無謀にも蔣介石の中華民国国民政府の当時の首都南京の占領まで強く主張した。加えて海軍はわざわざ南京その他に九州と台湾から有名な渡洋爆撃まで実施したり、これは後のことになるが、支那事変中の海軍による中華民国国民政府の仮首都重慶への爆撃も、時期によっては連続的に行われ、蔣介石を後に退《ひ》けなくさせてしまう。

こうして、華北での日中の局地衝突は海軍の一方的な主導で華中、華南へと全面拡大し、遂に一九三九年（昭和十四年）二月には、戦線を拡大し過ぎるばかりか第三国を刺激すると陸軍が猛反対したにもかかわらず華南沖の海南島の占領まで強行し、米英をことさら挑発する。海軍が欲する南進、つまり東南アジアの当時のイギリス、オランダ、フランスの植民地へと侵攻し得る何らかの機会が生じた場合の作戦拠点にしたかったのだろうが、加えて、そこの豊富な地下資源を海軍側の利権として確保しようと企んだのだと思う。

支那事変が始まる前の一九三七年二月から三九年八月まで連続して三つの内閣で海相、そして一内閣を置いて次に首相の立場にあった米内こそは支那事変のとりわけ南方への拡大、そして全面的泥沼化の第一の責任者であり、むしろ事変勃発時から約一年半の第一次政権を背負った近衛文麿より、その責任は実質的にははるかに大きいと考える。

海軍の作戦・用兵は軍令部の担当なので、こうした軍事展開に軍政の海相、さらには首相としてもそう口出しは出来なかったとの見方もあるが、それは誤りである。個々の作戦については ともかく、戦争そのものの方向づけに関わる判断は立派に軍政事項でもあり、問題によっては首相が責任を負う国政そのものである。実際に蘆溝橋での日支衝突の翌八月に、述べてきたように、上海への陸軍出兵どころか中華民国の首都南京の占領まで、作戦・用兵担当の軍令部総長伏見宮博恭王《ふしみのみやひろやす》ないしは軍令部次長嶋田繁太郎ではなく軍政の海相の米内がぶち上げ、実行させているのである。

ここで何より見落とせないのは、日本の関心を対ソ関係の北ではなく、しきりと支那関

係の南へさらに南へと向けさせ続けたのは米内その人だということである

満洲国の国境で日本と向かい合うソ連・コミンテルンにとっても、蔣介石の中華民国国民政府を潰したい中国共産党にとっても、まことにありがたい日支戦争、それもさらに南への拡大を米内が海相の時に、日本海軍は進めているのである。しかし、支那事変を拡大激化させ、ルーズベルト米政権に日本非難を繰り返させたその米内が、不思議なことに、前記のように東京裁判では被告にもなっていない。ここの所の歴史の闇について私はいま現在、憶測を交えた記述をしたくない。そこの辺りの真相を光にさらし得る確実な一次資料をまだ十分に発見していない。ただ、以上のこととの関連で次のことは明記したい。

多田駿と米内光政の対立

支那事変が始まってほぼ半年経った一九三八年一月十五日の大本営政府連絡会議での、米内光政の像がさらに露《あらわ》になった、比較的よく知られているあの出来事である。

それまで日本と蔣介石の中華民国国民政府の間に駐華ドイツ大使オスカー・トラウトマンが入って和平の仲介をしていた。前年十二月初めの日本側の和平案をトラウトマンは中華民国国民政府側に取り次いだ。ドイツ政府側も妥当な案と考え、蔣介石も明らかにその案を受け入れようとしていたところ、作戦を続行させていた日本はそれにはかまわず首都の南京を陥落させ、その余勢を駆って当初案より厳しい新和平案を出し直した。

その新案について中華民国国民政府が日本に問い合わせをした段階で、それへの返事もしないで、この大本営政府連絡会議での米内の気色ばんだ物言いにも煽られ、「一月十五日」という日本側が付けた回答期限が来ていることを理由に日本政府はトラウトマン仲介のこの和平交渉を断り、しかも、さらに「爾後《じご》国民政府を対手《あいて》とせず」という有名な、しかし唐突で居丈高《いたけだか》な声明まで発表する。支那事変は続行され、いよいよ泥沼化する。日米関係は悪化する一方で、やがて日本の真珠湾攻撃、そして日本の完敗へと続く。

とくに見過ごせないのは、和平条件を吊り上げた日本の再提案に対する中華民国国民政府からの回答期限が切れる一九三七年「一月十五日」の大本営政府連絡会議の情景である。

統帥側、つまり陸軍参謀総長も海軍軍令部総長も共に皇族なので、甲論乙駁の激論があり得るこの種の会議には通常出席を控えており、この場合も陸海軍ともに事実上の総長である陸軍参謀次長の多田駿《はやお》（陸士第15期）と海軍軍令部次長の古賀峯一《みねいち》（海兵第34期）が臨んだ。議論は、トラウトマン仲介をもう断るか続行するかの言い合いとなった。この会議の速記録はなく、断片的に出席者が残しているメモとか発言の言い伝えしか手掛かりはないので、情景は比較的抽象的な描写に留めるほかないのだが、それは相当に凄まじかったようだ。

作戦・用兵に責任を負う陸軍参謀本部を代表して多田は終始一貫して、内部での打ち合わせどおりにこの仲介は打ち切るべきでなく、なんとしても続行して日支和平に持ち込むべきだと切々と訴えたのに対し、本来はこれを支持する立場であると思われる外相の広田弘毅《こうき》が、逆に自身の外交経験の勘とかを持ち出し、和平に応じる意思は支那側にないと打ち切りを主張した。これを海相の米内光政が一貫して支持し、統帥と政府が対立するならどちらかが辞めなければならないと、自身の職権を逸脱して内閣総辞職まで匂わせたりして多田をなじり、同じ海軍の軍令部次長古賀峯一が見かねて多田のトラウトマン仲介継続論を支持すると、海軍兵学校卒が五期先輩であるためか、軍政の海軍省とは独立した統帥の軍令部という相手の職責も無視し、乱暴な口調で米内は古賀を黙らせたり、異様な状況になったのである。陸相の杉山元《はじめ》（陸士第12期）も打ち切り側だったが、あくまで蔣介石との和平を追求すべきとする多田への米内の反発が突出した「一月十五日」となった。こうしてトラウトマンの和平仲介の打ち切り、中華民国国民政府との戦争の継続、つまりは戦争の拡大が決定され、振り返れば、ここで日本の破滅への道が敷かれた。

海軍「平和派」三羽烏(米内・山本・井上)の謎

日誌、回顧録の類を米内は残していないので、ここは推察するしかないのだが、日支の和平の仲介を断固阻止するかかる不自然な動きに米内が出た一つの動機は陸軍の対ソ対処を弱めるために、なんとしても支那事変を続けさせ、陸軍の大軍をあくまで支那大陸に釘付けにしておこうと図ったからではないのか。そうだとすると、これは、あくまでソ連を守り、同時に日本と中華民国国民政府のいずれをも疲弊させて大陸では中国共産党に道を開こうと、そして日本にもマルクス主義、共産主義革命の条件を作り出そうと必死だった、その時点ではなお朝日新聞記者だったが、後に第一次近衛政権の内閣嘱託、南満洲鉄道調査部嘱託へと転じたソ連・コミンテルン工作員の尾崎秀実《ほつみ》の思考、企図と重なってくる。

しかし、もう一つ、この場合の考えが真にどうだったのかどうにもはっきりしないのだが、首相の近衛も米内の仲介打ち切り論に一切異を唱えていない。それに、政府の各方面を調整する務めを担《にな》う内閣書記官長の風見《かざみ》章《あきら》も、仲介打ち切り派の外相広田、海相米内を押さえ、間接的にであろうと和平追求の多田を支える言動を全く見せなかった。風見は、支那事変の推進派だったことが本人の日記(『風見章日記・関係資料〈一九三六〜一九四七年〉』二〇〇八年、みすず書房）から読めるマルクス主義者で、支那事変使嗾《しそう》者の尾崎秀実を第一次近衛政権の内閣嘱託に就けたのも、その時の内閣書記官長のこの風見だった。

和平の追求を主張した多田、つまり陸軍参謀本部は敗れた。こうして支那事変の激化、泥沼化へと第一次近衛政権は大きく舵を切った。七年後の日本破滅への道が敷かれ、日本の運命を変えた一日であった。ソ連・コミンテルンと中国共産党は祝杯を上げたのではないか。もしかしたら、ルーズベルト米政権内もである。トラウトマンの仲介を失敗させれば、日本の大軍を支那大陸に留めさせてもおけるし、蔣介石側との消耗戦、日支の共滅へと日本を追い込める。そして歴史はアメリカの対支加勢、そして中共重視も加わってではあるが、そうなった。

この路線の戦略、謀略を、この三年後にゾルゲ諜報グループの一味として逮捕された先の尾崎秀実が種々の取り調べに対して明瞭に、その語り口からするとむしろ誇らしげに供述してもいる（みすず書房の『現代史資料』1、2、3、24のうちの2）。

米内は次の平沼政権でも海相に留まり、さらに次の次の政権を自ら担うが、対英米戦、真珠湾攻撃に向かう一九四一年秋、少し前の首相、海相経験者としてそれを押し止めようとする活発な動きは、各種の資料に頼る限り見せていない。開戦の時の海相嶋田繁太郎も、前海相の及川古志郎《おいかわこしろう》（海兵第31期）もそれぞれ海相、その前任者としてそれなりに煩悶《はんもん》していたのだが、米内に関してはその時期の苦悩を示す文献は何もない。前年に首相も辞めているので、事を動かす権限はなく静観しているしか仕方なかったのではないか、との見方もあるが、相手が及川にせよ嶋田にせよ、いくらでも個人の意見は言える。及川も嶋田も海軍兵学校は米内の二、三期下なので、ものを言えない相手ではなかったろう。

それどころか首相経験者で重臣待遇であるのに、対米英開戦問題が議論されている一九四一年晩秋の、繰り返されている重臣会議で米内は、当時の記録による限り、論を立てて断固対米英開戦に反対してもいないのである。四年前の、トラウトマン仲介問題を巡る大本営政府連絡会議で陸軍参謀本部側の和平追求論を一蹴した時のあの見幕とは打って変わった静かさだが、彼の思考の性格は、その時とこの時とぴたり一致しているのである。トラウトマン仲介の継続に反対したのは支那事変つまり対支戦争を止めるなということである。対米英開戦に断固反対しないのも米英との戦争を内心では肯定していたからなのであろう。

要するに米内は、凝視すれば尾崎秀実と奇麗に路線が重なっている。単に、たまたまその時期の米内の思想、対外観が尾崎と似通っていたのか、それとも米内もソ連・コミンテルンと水面下で繋りがあったのか。これまでに調べ得た限りの資料、文献では、米内の挙動の深層《しんそう》までは突き止められないが、その言動だけは腑に落ちない。

この問題との関連で見落とせないのは、米内が海相だったこの時点の海軍次官は山本五十六、海軍省軍務局長は井上成美《しげよし》（海兵第37期）だったということだ。有名な米内・山本・井上という、なぜか戦後に頻《しき》りと各種のメディアで喧伝《けんでん》されたあの海軍平和派三羽烏《さんばがらす》である。対支和平に関するトラウトマン仲介の継続か打ち切りか、という重大問題への対処について海軍省内でこの大臣、次官、政務担当の軍務局長の間で一切協議もされなかったということはまず考えられない。その場合、山本、井上、またはそのいずれかは継続を主張したが米内が退けたのか、それとも山本、井上も打ち切り論だったのか。この件について山本、井上がいかなる態度をとったかは興味のあるところだが、残念ながらそれが汲み取れる資料、文献上の手掛かりがない。この関係についても、さらに第一次資料の発掘に努めたいが、その結果いかんでは、山本、井上への見方も、もっと根本から変わってくる。

風見章に対する多田駿の孤立

このトラウトマン仲介打ち切りの問題に関しては、結局は対米英戦へと繋がり、日本の運命を大きく変えたその性質からも、もう少し深く入ってみる。

駐華ドイツ大使の仲介による日支和平が成立していたら、歴史が辿ったようなあのような日米対立も、従っておそらく日本の対米英開戦もなかったと思われる。一方、対日戦で疲労困憊《こんぱい》することもなく、ゆえに第二次大戦終結後の中国共産党との内戦にも敗れず、蔣介石の中華民国は戦後も大陸に存在し続けたのではないか。

対米英開戦の四年前に日本の運命を変えたこのトラウトマン仲介問題についてはユーラシア外交史・日独外交史専攻の明治大学名誉教授三宅正樹が、あの仲介が始まるそもそもの発端の所から精密な研究をし、『日独外交史研究』(一九九六年、河出書房新社)などで発表しており、その成果も踏まえながら、一九三七年「一月十五日」の日本の失態についてももう一歩立ち入ってみる。

トラウトマン仲介を打ち切った日本のこの悲劇を考える上で、その前提として、どうしても見逃せないこの点にもまず目を注ぎたい。戦前の明治憲法(大日本帝国憲法)がいかに拙劣な代物だったか、にもかかわらず何か「不磨《ふま》の大典」として扱われ、いたずらに神聖視され、その改定、ないしは作り直しにはおよそ手を付けられない、いや考えられもしなかったという事実についてである。いったん何かができてしまうと、まるで棒でも呑んだようにそれを護持してしまう日本社会の硬直性には、この件を勉強していて、ただ暗澹《あんたん》とせざるをえなくなってくる。

どうしてトラウトマン仲介のあの結末と明治憲法問題は関係があるのか。

軍事の関係のうち、人事、組織、予算、政治・政界方面との関わりの所管は内閣（政府）に属し、憲法上は天皇の国務大権の下に置かれた。内閣におけるその実務の担当は下位法令で陸軍大臣、海軍大臣とされ、天皇に対する大臣の補弼《ほひつ》（助言）では総理も各大臣も同格であった。他方、軍の作戦・用兵、つまり戦争の準備、実施そのものは、天皇の統帥大権に属し、その実務の担当は下位法令で陸軍は参謀総長、海軍は軍令部総長とされ、憲法上に規定はないが、天皇への補弼は両総長が行うことと解釈され、そう実行された。

このように軍事部門の組織系統が政府と統帥の二つに分裂しつつも、その二系統は天皇が一身に担《にな》っているので、憲法の構造としては政府と統帥の分離はないが、万世一系の神聖な存在である天皇は俗界に関するいかなる責任も負わないというのが明治憲法の立場で、国務の責任はあくまで天皇を助言する総理など閣僚が負い、統帥のそれは同じく参謀総長と軍令部総長が担うと考えられた。これは軍事に関する国家方針が政府と統帥の二つに分裂する可能性をはらみ、その危険性は、トラウトマン仲介の続行か、打ち切りかという大問題の処理で典型的に露出してしまった。

トラウトマン仲介の対支和平交渉を続けるかやめるかは、明らかに誰が見ても国政、つまり政府の大案件である。

しかし、対支戦争の現実を預かり、そして対ソ方面の防衛にも責任がある統帥側の考えを無視しては決められない話であることも明らかである。泥沼化という結果が明白に証明しているように、もうこの戦争は続けられない。早く中華民国国民政府と和平したいというのが、是非もない作戦側、つまり統帥側の必死の主張だったのだから、それへの対処、解決こそがまさに国政の至急の第一の方針となるべきはずだが、天皇に対して作戦側と同権を持つ政府側は、独自の権限をもってトラウトマン仲介の打ち切り、戦争の継続・拡大を決めてしまった。

この時、こうした場合にこそ、国政とは別の統帥権というものを定めている明治憲法に則り、対支和平を求める統帥の立場を昭和天皇に参謀総長なりが上奏して天皇の決断を得るべきと参謀本部側は考え、一月十五日深夜に参謀総長閑院宮《かんいんのみや》載仁親王《ことひとしんのう》（フランスで陸軍教育を重ねる）を通して昭和天皇にトラウトマン仲介の継続を求める緊急の上奏をしたが、なぜか実らなかった。どこからどういう影響を昭和天皇は受けてどう考えたのか。日本の運命に関する決定的な場面であったにもかかわらず、これに関する詳しい一次資料は見つからない。宮内庁著作の『昭和天皇実録』のうちのこの時期が該当する第七巻（二〇一六年、東京書籍）の一九三八年一月十五日の所にも、この件に関する昭和天皇の言動については次のようにしか記録されていない。

「午後八時四十七分、御学問所において内閣総理大臣近衛文麿に謁を賜《たま》い、この日の大本営政府連絡会議並びに閣議において、国民政府との和平交渉打ち切りを決定につき、同政府否認の声明に関する奏上を受けられる。ついで、九時三十一分、参謀総長戴仁親王に謁を賜い、同件に関する参謀本部の主張につき奏上を受けられる。これに対して種々御下問になり、参謀総長より和平の確たる根拠はなきこと、経費の問題から自発的進撃の意思なきこと等につき奏答を受けられる」

国運を左右するあの重大問題についての昭和天皇と首相、参謀総長の問答の記述がただのこれだけである。昭和天皇の発言は何も記されていない。もともと記録されていないのか、記録はされているがここでは伏せたのか。このような実録文書は『昭和天皇実録』を誇称するに値しない。とても文字化できない内容を昭和天皇が口にしたのか、との疑いさえ抱かざるをえない。そして、不思議なのは参謀総長の言葉として参謀本部側の強い避戦の方針、意思が全く記されていない。参謀総長がその伝達を怠ったのか、それとも何らかの意図から著作者がそこの所の原記録を無視したのか、それも分からない。ただ明瞭なのは、トラウトマン仲介の打ち切りに関しては、それからどれほど年月が経ってもなお帳《とばり》の外には出せない何かがあるということである。

そして決定的に重大なここの所の経過に対する研究が日本の史学界では、なぜかなおざりにされている。ここに私は、トラウトマン仲介がなお進行中だった一九三七年末から三八年初めにかけてソ連・コミンテルン・中国共産党側からの、蔣介石政権と日本の和睦を阻む何らかの強い工作が第一次近衛政権側に対してあったと、いま現在仮定せざるをえない。それはすでに前記しているが、幾つかの妙な現象をやはり無視できないからである。

海相の米内光政が、陸軍参謀次長の多田を支持して和平追求論を述べる海軍軍令部次長の古賀峯一を前出の大本営政府連絡会議で叱るように沈黙させて、和平仲介の打ち切り論をあくまで通そうとした、その米内の非常に不自然な、尋常でない振舞いを見過ごしていいのだろうか。その時点の動き、足跡がおよそ見えてこない風見のことは先に記した。この落ち着き先がすでにはっきりしていたので、表面にはむしろ意図的に存在感を出さないようにしていたようにも思える。

日支の和平を目指すトラウトマン仲介を支持する社説が、支那事変の拡大を策した陸軍統制派に繫っているとみられた東京朝日新聞（当時の名称）には一本も見られず、近衛政権がトラウトマン仲介を打ち切った時、これを高く評価する社説が出た。一九三八年一月十七日付の「帝国政府の声明」と題したものがそれで、「日本は断じて（支那の）長期抵抗に打ち克たねばならぬ。今次の事変をして無意味に終らしめないためには、抗日の本体たる国民政府が反省すれば好《よ》し、然らざる限り、徹底的に膺懲《ようちょう》を加えて、潰滅に陥らしめる以外にない」(括弧内は長谷川。句読点を一部補い、漢字は新字体に。一部を除いて原文の振り仮名は省略）などと、蔣介石の国民政府をもはや相手にしないという第一次近衛政権の声明を全面支持している。

支那事変の拡大、蔣介石の中華民国国民政府の撃滅を総合雑誌などで激しく唱えていた、ゾルゲ諜報団の一味でソ連・コミンテルン工作者の尾崎秀実は一九二六年五月から一九三八年七月まで朝日新聞記者で、三四年九月からは東京朝日新聞社の東亜問題調査会に勤務していて、そこの隣が論説委員室であった。トラウトマン仲介打ち切り論を論説委員や、主筆で東亜問題調査会長の緒方竹虎《おがたたけとら》に吹き込んでいたとみてもおかしくない。社説の筆致が総合雑誌への尾崎の寄稿とよく似ているのである（例えば『中央公論』一九三八年六月号）。

支那事変が勃発する前から学究者・言論人・中央官僚らを集めて発足していた大研究機関の「昭和研究会」に尾崎も属した。その研究会の場でも彼は支那事変推進、蔣介石政権撃滅の論を言い募っていたとみられ、対支和平、トラウトマン仲介の続行を求める陸軍参謀本部、そしてその代表の多田は、支那事変を煽るコミンテルン系の影響を受けた日本の知識層、朝日新聞などのメディアに包囲され、孤立していたのである。世の中は、南京陥落報道など支那事変賛美の記事で新聞紙面は埋められている。そんな中で対支和平、トラウトマン仲介の続行を訴え続けた陸軍参謀本部、そして多田は本当に神経をさいなまれ、辛かったであろう。

近衛首相、広田外相を煽ったのは誰か

ここで、このトラウトマン仲介の起源にも遡《さかのぼ》ってみる。

トラウトマン仲介問題で陸軍参謀本部が強力な対支和平派だったのは、ある範囲までの点と線だけは確保し得ても、広大な支那大陸の制圧のごときはそもそも考えられもしないし、死傷者が増え続ける前線の悲惨も統帥側の部内には、幹部層にまで直《じか》に伝わっていたからだが、加えて当時の陸軍の最関心事は、清朝の祖地の満洲に、一九一一年の辛亥革命で追われた清の第十二代宣統帝溥儀《ふぎ》を立てて日本が作ったと言ってもいい満洲国の対ソ防衛であった。

支那大陸に大兵力を釘付けされている場合、それがソ連の対日戦略にどう響いてくるか。現にトラウトマン和平仲介を断った半年後の一九三八年（昭和十三年）七月に満洲国・朝鮮（日本）・ソ連が接する、日本側は満洲国領とみなしていた張《ちょう》鼓《こ》峰《ほう》山頂一帯、そして、

さらに翌三九年五～九月には日本側がやはり満洲国領と考えていた、満洲国とソ連圏のモンゴルの国境付近のノモンハンでそれぞれソ連側の威力偵察とみられる武力進出があり、いずれも日本の関東軍とソ連側との激しい戦闘状態となり、とくにノモンハンでは停戦までに大激戦が繰り返され、日ソ双方に甚大な被害が出た。

そうした事態の発生を予見してか、支那事変の拡大、泥沼化を憂慮していた参謀本部第一部長（作戦など担当）の石原莞爾《いしはらかんじ》（陸士第21期）は自分が関東軍参謀副長に転出となる直前と思われる一九三七年九月の某日、参謀本部員の馬奈木敬信《まなきたかのぶ》（同第28期）に対し、大陸に飛び、馬奈木が旧知の駐華ドイツ大使オスカー・トラウトマンと接触し、日支和平の仲介を依頼するよう命じた。馬奈木はドイツの駐日陸軍武官で後に大使に昇格するオイゲン・オットと共に十月下旬に上海でトラウトマンと会談した。それを受けてトラウトマンは十一月五日と十二月三日の二度にわたり蔣介石と会見し、蔣介石は二度目の時に日本側の和平条件を受け入れた。蔣介石はその時の日本側の条件を比較的寛大とみたようで、そして、この十二月三日はまだ日本軍は南京市内への攻撃も始めていなかった。だが、南京が陥落すると日本政府は急に和平条件を吊り上げ、しかも回答期間を翌年一月十五日と切り、前記のように中華民国側の問い合わせに対して返事もせず、期限切れとして一方的にトラウトマン仲介を打ち切ったのだった。

しかも翌一月十六日にこれも前出のように「爾後国民政府を対手とせず」との驕慢そのものの声明をわざわざ発表したり、この一九三八年（昭和十三年）一月十五、十六日は、後に日本が亡国と化す象徴的な起点だったと私は考える。

これに重大責任を持つ首相の近衛は、これより三年八カ月後の第三次政権のさ中の夜に膝を屈して駐日米大使グルーに米大統領ルーズベルトとの会談の実現方《かた》を切に訴えたが、米本国から拒絶されたことは第一部ですでに明らかにした。その四年三カ月後、近衛はA級戦争犯罪人として米側の巣鴨拘置所に収監される日の未明に服毒自殺した。知らせを聞いて早朝に愛人の山本ヌイ（第一部参照）が東京都杉並区の近衛邸の荻外荘《てきがいそう》に駆けつけた。かすかに体温が残っていたという。トラウトマン仲介の打ち切りに大きな責任を持つ外相広田弘毅は、他の諸問題を問われ、文民でひとり絞首刑となった。

トラウトマン仲介の続行に希望を託そうとした参謀次長の多田を罵った海相米内は戦後の一九四八年に病死した。後でなお記すが、この人物の正体は、おおよその見当はつき始めているが、その全貌は私にはなお霧の中である。

対支和平交渉の打ち切りを外相広田から聞いた当時の駐日独大使ヘルベルト・フォン・ディルクゼンはいたく驚愕したようだ。日本とは何と愚かで恥ずべき国なのか、と思ったのではないか。一九三八年一月十七日付のドイツ外務省宛《あて》の極秘電文でディルクゼンは次のように報告している。（ドイツ外交文書D編第一巻）。

「外務大臣へ親展、①日本政府の回答を受けての談義の中で自分は広田弘毅外相に対し、我々に日本政府が回答を手交したその直後に決定的な政府声明を日本政府が発表したり、その日本政府回答も、（この問題に関する）以後のいかなる討議も断るというものであったことは遺憾であると表明した。返事を引き延ばしたり、あいまいな支那側の態度に日本が我慢できないことは理解するとしても（和平）交渉の打ち切りは国際的には日本の立場を非常に苦しくさせる。②当方は広田外相に対し、日本は（中華民国国民政府への正式な）宣戦布告を意図しているのか、それとも広東《カントン》や海南島への侵攻でも企てているのか、と問うたところ、広田はとりあえずはいずれもないと明らかにした。③支那事変の継続はドイツと日本の関係にとっても三重の不幸な影響があると表明した。それは⒜我々の望まない英日関係の悪化をもたらす危険がある。⒝支那がボルシェヴィズム化（ソ連共産主義化）する。ⓒ日本の国力があげて支那に向けられるので、ソ連に対して日本は弱体化する」（括弧内、和訳は長谷川）

一年余り前の一九三六年十一月に日独防共協定を結ぶなどナチス・ドイツは日本との関

係を深めつつあったが、このトラウトマン仲介打ち切りの一カ月後の一九三八年二月四日にナチス党員のヨアヒム・フォン・リッベントロップが外相に就くまでのドイツ外交当局はなお理性的で、この日支和平仲介の打ち切りについても、日本と国際政局の将来に深刻な影響をもたらすのではないかと、いたく懸念していたことが、ディルクゼンの本省へのこの報告文からもよく読み取れる。蔣介石の中華民国国民政府と日本の戦争続行は、コミンテルンが狙っている日本と蔣介石の共滅を招くのではないかと憂《うれ》えているのである。

南京占領後の日本政府のこの豹変《ひょうへん》については、蔣介石との和平を願った一人の陸軍参謀本部第一部作戦課戦争指導班の参謀堀場一雄が後に著《あらわ》した『支那事変戦争指導史』(一九八一年、原書房)の中でこの出来事についてこうしたためている。

「蓋《けだし》広田外相の強硬論は何ぞや。(略)その変化は南京追撃の戦況に酔ひて倨傲《きょごう》となれるか、惑《あるい》は輿論を恐れて臆病となれるか、(自ら)是認せる条件に基づく(中華民国への)回答ならば責を一身に負ひて交渉に入ること当然にして(略)」(振り仮名、括弧内は長谷川)

戦況次第で掌《てのひら》を返すように和平条件を吊り上げた日本政府、つまりは近衛政権の余りにもの無定見、卑怯さに参謀本部の堀場はただ呆然《ぼうぜん》としたのであろう。

このトラウトマン仲介問題については、A級戦争犯罪人として戦後の東京裁判（極東国際軍事裁判）で終身禁固の判決を受け、日本が主権を回復した後に仮釈放された陸軍の重鎮畑俊六《はたしゅんろく》（陸士第12期）も『元帥畑俊六回顧録』（二〇〇九年、錦正社）で若干だが興味深い言及をしている。侍従武官長、陸相、支那派遣軍総司令官、教育総監、本土での決戦に備え西日本方面を受け持つ第二総軍司令官と陸軍の要職を歴任し、戦犯として刑に服した畑だが、陸軍では中庸の思考の存在だった。その彼はこう綴っている。

「近衛首相が何故打切に決意したる理由も承知せざれど、近衛公として此の如き決断をなし得る人物にもあらず。近衛公の周囲には共産思想を有する赤き人物も少なからず。これらの人々の進言に動かされたるものなり。当時既に後年独新聞記者ゾルゲの露探事件の共犯者として死刑に処せられたる尾崎秀実（上海にて新聞記者たりしことある由）も其周囲の一人なりしと伝へられ」

このトラウトマン仲介問題のころ、畑は教育総監という軍政、統帥のいずれからも離れた立場から事件を眺め得ることができ、そうした中立的視点からもトラウトマン仲介の打

ち切りについて不自然さ、不可解さを感じていたことを率直に記している。しかもこれに続けて、

「第三インター（コミンテルン）の世界赤化政策の日支相争《あいあらそ》わしむる策謀の現われなりとさえ言うものある」（振り仮名をつけ、新仮名遣い、新字体にした。括弧内は長谷川）

と、実に急所を突く指摘をしている。日本陸軍の要職を歴任した軍重鎮の畑俊六が近衛公周辺の「赤き人物」とか、コミンテルンの「策謀の現れ」とか書き遺した脳裏には誰それ何人もの名前が浮かんでいたのであろうか。

この問題ではさらに見逃せないことがある。トラウトマン仲介の継続に反対した外相広田弘毅が戦後に、A級戦犯として収容されていた巣鴨拘置所でこの畑俊六に、自分が仲介継続に反対した理由は、首相の近衛から「あまり継続に賛成してくれるな」と因果を含められたからと打ち明けていたという。そのことも畑は前出の回顧録に書き残している。そうした動きを近衛がしたのは、近衛の周辺の「赤連《あか》」（親中国共産党の人々＝長谷川注）からそう求められていたからではないか、と畑はみているものの、それ以上の具体的な事実は畑も遺していない。が、陸軍最上層部の良識派とみられた畑がそこまで思い考えていたと

いうことは、トラウトマン仲介の打ち切り問題を巡っては、いずこかからかの、打ち切りを促す相当の工作が近衛に対し直接ないし間接に仕掛けられていたことをうかがわせる。

多田陸相案を拒んだ昭和天皇の〝明治憲法違反〟

トラウトマン仲介の打ち切り問題からは少し脇道に逸れるが、ここで、日支和平をめざしトラウトマン仲介の続行を強く主張した参謀次長の多田駿に関して、別の事柄との関係でいま少し筆を加えておきたい。

一九三八年一月十五日の大本営政府連絡会議で海相の米内光政に敗れた多田は同年十二月に満洲東部を管轄する第三軍（司令部・牡丹江《ぼたんこう》）の司令官に転出させられたが、一九三九年（昭和十四年）八月に、独ソ不可侵条約の締結という、互いに敵対国と言うべき独ソが突如一種の友好条約を結んだことで、反ソのドイツとの反ソ同盟を模索していた日本は立場を失い、時の平沼騏一郎内閣は総辞職した。その後継の阿部信行内閣の陸軍大臣は、恒例の陸軍三長官（この場合は前陸相、参謀総長、教育総監）の合意により多田駿と決まった。ところが、通常の手順で陸軍側が決めたこの人事を昭和天皇が反対であると覆し、後任陸相を侍従武官長の畑俊六にするという異常事態となった。

この事件について著作権者が宮内庁の『昭和天皇実録第七』はこう記述している。

「（昭和十四年八月）二十九日　火曜日　午前九時四十五分、内大臣湯浅倉平に謁を賜う。ついで、侍従武官長畑俊六をお召しになり、新聞に（陸相の）後任候補として挙げられた陸軍中将磯谷廉介《いそがいれんすけ》（陸士第16期）・同多田駿を陸軍大臣とすることには不同意であり、自分の信頼する者を任命すべき旨を激しい御言葉にて仰せになり、その旨を陸軍大臣に伝達するよう命じられる。武官長は、陸軍大臣が閣議中につき陸軍次官山脇正隆を招致して伝達する」（振り仮名、括弧内は長谷川）

対支和平派の多田を陸軍が総意で陸相に決めたこの見事な快挙を昭和天皇が反故《ほご》にした理由は、この『昭和天皇実録第七』によっても全く不明だが、その二年九カ月前にトラウトマン仲介の続行か否かで多田が昭和天皇のお気に入りとみられた米内と激論したことを昭和天皇が不快に思い、陸相に昇格させる人事を拒む多田苛めをして溜飲をお下げになったのか、そもそも昭和天皇も反蔣介石、反中華民国で対支和平には反対の戦争派だったのか、その辺は私の勉強でもなお分からないが、これまでのところほかの理由が見つからないのである。

いずれにしても天皇の国務大権は臣下の助言によって行うことと明治憲法で明文化され、戦争をする統帥大権の場合も、国務大権に関するその規定が準用されると解釈されていた。それを個々の内閣閣僚の人事にまで介入し、しかも助言側が一致して決めたそれを拒み、自分の好みの者に替えるという行為は重大な明治憲法違反であった。これでは日本は立憲君主制ではなく、その時期の世界でももう少数だったと思われる絶対君主制になってしまう。しかし問題は、そうした憲法論もさることながら、それより天皇が、多田を陸相にする人事を拒否したことの日本史への深刻な影響である。

多田を陸軍三長官が一致して陸相に決めたこの英断が、昭和天皇による異常な横槍がなく実現していたら、おそらく万難を排して多田は重慶の蔣介石側との和睦を成功させ、そうなれば、これまで見て来たような米大統領ルーズベルト、ないしルーズベルト米政権の対日挑発もその主たる根拠を失い、従って、繰り返された米国の挑発に乗ることも、つまり対米英開戦もなく、その結果の諸々《もろもろ》の惨状も発生しなかったのではないか。これは、ごく自然に考えられる、そして十分に可能性があった歴史の別の展開である。その点で、非常に頭を絞らせられるのは、結果的にではあろうが、昭和天皇によるこの和平派多田の拒否は、日本と中華民国を戦わせて共滅させようとしていたコミンテルン、そして尾崎秀実の戦略、謀略とぴたり重なるのである。

加えて、この事件で同時に注目されるのは、多田という対支和平派を、そのことを百も承知して陸軍側が一致して陸相と決めたこの事実である。果てしなく続きそうな、そして泥沼化状態の支那事変の早期解決はすでに陸軍の合意となっていたのだ。この一九三九年の時点なら、後にアメリカとのせめぎ合いの中で不可能となってしまった支那大陸からの全面撤兵も、陸軍自らの決意で断行し得る情勢となっていた。陸軍参謀本部側が懸命に求めたトラウトマン仲介の続行を、米内などの反対で一年七カ月余り前に第一次近衛政権が潰した日本の失敗が、戦局のいよいよの泥沼化で陸軍を非常に苦しませていたのだ。

そんな中で一九三九年(昭和十四年)二月に陸軍の猛反対にもかかわらず海軍が華南沖の海南島に上陸、占領するという、一種の南進、そして支那事変の一層の拡大が行われた。時の海相も米内光政だった。前記のように支那事変の激化、日支の共滅こそ、やがて逮捕された尾崎秀実が、司法当局に得意気に供述するコミンテルン路線そのもので、その尾崎はこの戦略、謀略に従って蔣介石の中華民国国民政府の激滅を使嗾《しそう》する激烈な論文をメディアに書き続けていたのである。そのころの総合雑誌の『中央公論』(例えば一九三八年六月号の「長期戦下の諸問題」)や『改造』(同じく同年五月号の「長期抗戦の行方」)などが何よりの証拠である。

米内はソ連で何をしていたのか

ここで、米内そのものに戻る。

先に、米内光政を偲ぶ集まりの「米内光政会」が暫く前までのある期間、岩手県盛岡市内で毎年定期的に開かれていたことに触れたが、一九九七年（平成九年）四月二十九日に開かれたそこの第十一回総会で旧海軍出身で自衛隊の元統合幕僚会議議長の鮫島博一《さめじまひろいち》（海兵第66期）が米内光政の初期の軍歴について興味深い、いや謎めいた記念講演をしている。それに基づき私は一つの考察を加える。

一九〇一年（明治三十四年）に海軍兵学校を出て十三年目の一九一五年（大正四年）に、三十三歳の米内はロシア駐在員として第一次世界大戦でドイツと激戦中のロシアの首都ペトログラードに赴任し、一九一七年に帰国するまで二年間そこにいた。さらに翌一九一八年（大正七年）から一九年にかけて連絡武官の任務を帯びてロシア革命で混乱中の同国極東のウラジオストックに、そして今度は、共産主義革命で国交が消えた革命後のソ連の実態を摑むために、初めポーランドの首都ワルシャワ、次いでドイツの首都ベルリンに駐在する。相次ぐ三度の延べ六年半に及ぶロシア・ソ連関連の海外駐在の間に米内は少佐から大佐に昇格していたが、この間の米内の活動、生活の実態はなおほとんど世に知られていない。

しかし、鮫島によると、ロシアを中心にしたこの海外勤務でかなりの所まで米内はロシア語を身に付け、革命直前と革命後のロシアの実情を詳しく分析して本国に報告していたというが、ではいかなる任務を具体的に米内は負うていたのか不明なのである。

ロシアに初めて着任後の米内の勤務状態は、上司の駐ロシア武官や米内本人からも、異例なことに直接海軍次官の鈴木貫太郎に定期的に報告されている。言うまでもなくこの海軍次官鈴木貫太郎は、終戦、つまりポツダム宣言を受諾して連合国への日本軍無条件降伏を果たした大東亜戦争最末期のあの首相その人で、終戦時のその鈴木内閣の海相もこの米内だった。

時間を戻す。米内の勤務状況に関する駐露武官の本国への定期報告のうちの一九一五年（大正三年）七月一日付のそれには「米内少佐は露語の進歩著しく、（略）人選宜《よろ》しきを得たりと認む」とあり、さらに一九一六年一月三日付の、この上司から海軍次官鈴木貫太郎宛ての電文には米内の露語習得はさらに上達していると認め、「向後《こうご》（これから後）の方針及び実行の方法も適当にして成効《ママ》の見込みあり。従って昨年八月提出の考課表の所見の如くお取り計らいあらんことを希望する」と記述されている。駐露武官から海軍次官へのかかる文面に従えば、米内を露都に派遣した海軍の目的は何らかの秘密活動ではなかったのか。共産主義暴力革命（一九一七年の十月革命）の前の改革的半暴力革命（同年の二月革命）が発生しかかっている時に米内は帰国命令を受けているが、すでに米内のロシア在勤中に前戦でも銃後でも、部分的ではあっても厭戦の騒擾《そうじょう》状態は発生していて、いつ何らかの勢力によって大政治変動が引き起こされるか予断を許さない情勢だった。米内が負った特殊任務は何だったのか、それは成功したのか否か、それは今のところは分からない。

しかし、ロシアにおける米内の任務に就いての一九一六年一月三日付の、海軍次官鈴木貫太郎宛て駐露武官の先の報告内容それ自体は意味深い。何らかの密命の授受関係にあった海軍次官鈴木と露都駐在者米内は、大東亜戦争の最末期に鈴木は首相、米内は海相として、一貫して開戦相手の米英に直接ではなく、いつ対日宣戦するか時間の問題とみられたそのソ連を通して連合国と和睦をしようと固執して失敗し、貴重な時間を空費した。この愚策と、それより三十年近く前に鈴木貫太郎からの密命でロシアで米内光政が活動していたこととは関係があるのだろうか。

とくに北方の大陸が対象の陸軍の北進路線を海軍が何としても排そうとしたのは、大海原が舞台の南進こそが海軍が活躍できる戦場という組織利害が先に立っての動きではあっても、そこに親露・親ソという伝統的な精神構造も絡まっていたのであろう。一種の南進である華中、華南へ向けての支那事変拡大、そして東南アジアへの本物の南進に海軍が懸命だったのは、一つにはロシアの後継のソ連とは、心情的にも事は構えたくなかったのだろう。

その絡みから考えると、一九三八年一月十五日に、海相として日本海軍の重鎮格だった米内は、なんとかトラウトマン仲介を潰して少なくとも支那事変は続行させ、日本陸軍を支那大陸に埋没させておきたかったのだと思われる。

米内の頭には、日本の運命より海軍の組織利害と親ソ感情が大きな位置を占めていたのであろう。ハル・ノートを受けて対米英開戦へと向かった一九四一年（昭和十六年）十一月二十九日に宮中で首相経験者らの重臣とまず政府側が、さらに昭和天皇が懇談をした。が、太平洋が戦争の主戦場となり、従って勝敗の行方は海軍の肩にかかるのに、無責任と言うべきか、何らかの底意があってか、直近まで一度は首相を、さらに三内閣で連続して海相を務めた、まさにことここに至らしめた大責任者の一人である、その米内光政からは、「じり貧を避けてどか貧にならなければよいが」といった、人を揶揄《やゆ》するような片言は聞かれたものの、筋を立てての何ら明確な反対見解ひとつ表明されなかった模様である。これが国家の存亡を賭けて対米英戦に突入する日本の偽らざる実態であった。

日本軍の無条件降伏を要求する米英支（後にソ連も加わる）のポツダム宣言を受諾し、大東亜戦争で日本が敗北したことを昭和天皇が放送した一九四五年（昭和二十年）八月十五日より二カ月ほど前の同年六月ごろ日本政府は、駐ソ大使佐藤尚武がそれは無意味、不可能と本省に訴えていたにもかかわらず、連合国との和睦の斡旋を依頼する打診を鈴木貫太郎政権はあくまでソ連に行い、近衛文麿を特使として訪ソさせる用意までしていたが、それどころか八月九日にソ連から開戦され、満洲国その他へのソ連軍の侵略が始まった。

米内は日本を滅したかったのか

これが、あまねく人々が承知している日本のあの近過去であるが、大東亜戦争の終結、つまり降伏を告げ、和を乞う相手は、どこより日本が開戦した相手の、主敵である米英、とくにアメリカであるはずだ。何らかの方法で直接米英に降伏伝達の会談を申し入れれば、和平条件の取り決めになお多少の時間はかかっても、会談そのものはすぐ開かれたと思われる。場所はワシントンでもどこでもいい。全権代表は近衛文麿でも誰でもいい。

降伏を申し出ている日本に対し、いくら都市、人間集団への破壊力を実験したい米国と言えど原子爆弾を投下することは不可能だったろうし、連合国と降伏条件の会談をしているその日本に、それも中立条約を結んでいるその国に宣戦することはいくらソ連でもできなかったであろう。日本の降伏申し入れの時期によっては沖縄戦（一九四五年四月一日〜六月二十三日）も途中で戦闘中止になっていただろう。

しかし、経緯が語るところによれば、駐ソ大使佐藤尚武の切なる献言を無視し、あくまで米英への斡旋をソ連に頼む劣策を通し抜いたのは、首相の鈴木貫太郎であり、それに協力したと言うより二人三脚だったのは海相の米内光政である。繰り返すが、二十九年前に革命寸前のロシアに駐在する密命を下した二十九年前の海軍次官と、それを受けたロシア駐在者の二人である。そして、この終戦時の外相東郷茂徳も、一九二五年（大正十四年）にロシア革命後のソ連と日ソ基本条約を結び、ソ連と国交を樹立するまでの交渉に当たった外務省欧米局第一課長その人であった。

米内は終戦前年の一九四四年（昭和十九年）に、首相など関係六者の会議でソ連からの軍需物資購入まで提案し、参集者を驚愕させたが、すでに在日ソ連大使館に、それも外相の頭越しに、残存の日本の空母、戦艦など五隻とソ連の飛行機、石油との交換を申し入れていた。ソ連の支援で米英との戦闘を続けようという狙いだった。これは政府、統帥の同意を得られず沙汰やみになったが、反米・親ソという日本海軍の本来の性格が、米内を通して日本の断末魔に露《あらわ》になった一幕だった。そんな中で海軍が始めた自殺の強制というべき、米艦艇に対する航空、海洋での各種の特別攻撃隊の結成は海相が米内の時に始められ、終戦の八カ月前には全軍特攻化、つまり全軍自殺も米内は承認していた。全軍ならば米内もそこに含まれていたのかどうか。

首相の鈴木貫太郎と海相の米内光政の目がソ連に吸い着いているほぼ同時期に、永世中立国スイスの首都ベルンで駐スイス海軍武官の藤村義朗（海兵第55期）とアメリカの戦略工作機関ＯＳＳ（戦略事務局＝ＣＩＡの前身）の欧州本部長アレン・ダレスが極秘の終戦工作に入り、藤村から本国の米内ら海軍首脳に宛てて、ＯＳＳ経由での、受諾し得る条件の下での終戦が間違いなく可能と「作戦緊急電報」を送り続けていたが、海相の米内は、首相、陸相、外相とこれを受けての至急の鳩首《きゅうしゅ》協議一つしていない。戦後もだいぶ経ってから藤村はアメリカでアレン・ダレスと再会し、日本が決めていれば、大東亜戦争はスイスの首都ベルンを舞台に実際より二、三カ月は早く終結していたと米側の内情を聞かされたという。であれば、この場合も、原子爆弾の投下、ソ連の対日宣戦はおろか、ポツダム宣言の発出もなく、仮に戦勝国側による日本占領は受け入れざるを得なかったとしても、その形態は随分違っていた可能性がある。そして戦勝者側による戦犯裁判は行われたとしても、その法廷にもちろんソ連は参加し得ていない。そもそも、日本の領土を本州・北海道・九州・四国とその他の若干の島に限ったポツダム宣言は発出されてなく、ソ連も対日参戦していないのだから、千島列島全体は無論のこと、日露戦争の勝利で日本に引き渡された南樺太も日本領のままであったろう。在ベルンの藤村からの緊急電を握り潰した米内は何らかの底意から日本そのものを滅《ほろぼ》したかったのではないのか、と私は想像せずにはいられないのである。

それにしても、世の中には米内について虚偽に満ちた文献が目立つ。その一つが高木惣吉（海兵第43期）写稿・実松譲編の『海軍大将米内光政覚書』（一九七八年、光人社）である。以下の部分は編者実松の記述なのだろうか。例えば一九三七年七月七日に勃発した支那事変に関してこう記述する。

「（略）戦火は上海にも飛火する。米内は現地からの陸兵派遣の要求にたいし、『ひとたび華中に陸軍を派遣したならば、もはや局地解決の望みはなくなり、事変は底しれぬ泥沼におちいることとなる』ので、海軍の責任者として非常に心痛していた。だが事態は、米内が心配していたように、上海に陸兵を派遣してから戦火はいよいよ華中にひろがり、（略）事変は深い泥沼にひきこまれていった。（略）もともと日華事変と太平洋戦争とは不可分であり（略）、米内の手記にもあるように、やがて日本を亡国にみちびくべき日華事変の序幕は、ほとんど一回の真面目な検討もされないで、運命の手にもてあそばれるかのように拡大していった」

事実は逆で、すでに見てきたように、米内によって支那事変は拡大され、激化したのである。経過が証明している。

北進か、南進か――陸軍中央部の葛藤

親ロシア・親ソ連、そして北守南進の海軍に対して、満洲の地で凄惨《せいさん》な日露戦争を戦った日本陸軍の仮想敵国は、以後も一貫してロシア、そしてロシア革命の後はソ連で、対米英戦はおよそ想定もされなかった。陸上戦が本領の陸軍の戦場は自ずとすぐ眼前のアジア大陸であって、太平洋の島々はもちろん、やはりはるか波濤《はとう》の彼方にある南方の西洋植民地も陸軍の視野にはそもそも入っていなかった。

一九三九年九月一日にナチス・ドイツがポーランドに侵攻し、そのナチス・ドイツに九月三日に英仏が宣戦するという欧州混乱の中で蘭領東インド（現インドネシア）の宗主国オランダ、仏領インドシナ（現ベトナム、ラオス、カンボジア）の宗主国フランスが一九四〇年にナチス・ドイツに敗れ、さらに英領マレー半島・シンガポール、ビルマ（現ミャン

マー）の宗主国イギリスもナチス・ドイツの前に風前の燈火《ともしび》となり、この一大事態を背景に、これら西洋植民地への南進をめざして海軍省・軍令部の中堅層が、対米英開戦の半年前の一九四一年六月五日付で「現情勢下ニ於テ帝国海軍ノ執《と》ルベキ態度」という膨大な文書を作成し、海軍上層部に提出している。その最後に「参考情報資料」として陸軍が南進に気乗りしていない状況をこう記している。

「一　陸軍の動向
（陸軍の）作戦部ハ兵力的見地ニ於《お》テ南方作戦不可能論ヲ強調シ始メタリ
（イ）（略）若《も》シ日米戦トナラバ、更《さら》ニ満洲ヨリ七師団ヲ引抜カザルベカラズ　故ニ南方作戦ヲ実施センニハ前提条件トシテ日蘇《につそ》関係ガ現状以上ニ改善セラルルヲ緊要トス
（ロ）予算不足シアル爲《ため》支那ニ於《お》ケル積極作戦モ至難ナル状況に在リ（以下略）」（括弧内、振り仮名は長谷川）

国家予算の点からも大陸への戦備と、そもそもから不得意な南進を両立させることは不可能との陸軍側の苦衷《くちゅう》を、南進論を掲げるこの海軍文書も無視できなかったのだ。では、できるなら避けたかった南進を結局は陸軍もなぜ推進する結果になったのか。

そこに見て取れるのはロシア・ソ連を主敵とする陸軍内の精神状況が、日本内外の動向を反映しつつ急速に対ソ接近へと変わっていった事実である。ここで重要なのはとりわけ外圧である。なかでも一九三九年八月二十三日の独ソ友好条約とも言うべき独ソ不可侵条約の締結、このソ連を含めた四国連合を前提とした四〇年九月二十七日の日独伊三国同盟の成立、そして四一年四月十三日の日ソ中立条約の調印である。この三つの外交事件が日本、とくに陸軍中枢部にいかに大きな影響を及ぼしたかは、前出の三宅正樹が詳しく研究している。

一九三六年十一月二十五日に日独は防共協定を結んで、世界の共産主義化を狙うコミンテルンに対して共同対策を取ることを約し、反共産主義、反ソ連の立場を明確にしていたが、その盟約者の一方のナチス・ドイツが突如、コミンテルンの事実上の指導者で敵そのもののソ連と、相互不可侵の友好条約を結んだのだから、日独防共協定締結の裏方であり、伝統的な反ソ連の日本陸軍が度を失ったのも不思議でない。日独防共協定の同盟への発展的強化が課題となっていたその時の平沼騏一郎内閣は、この独ソの握手が原因で総辞職した。

このころ以降、日本陸軍部内の対ソ観が徐々に変化し始める。ソ連とも連携する日独伊ソ四国連合の構想が政府にいったんは大きく浮上し、これ自体は今度は逆に独ソ戦の勃発で立ち消えたが、その独ソ戦に至るまでの四一年四月十三日に、四国連合構想の影響を映す日ソ中立条約が、締結される。日独伊ソの四国連合構想を破滅させる独ソ戦の気配が濃厚となっている中で、にもかかわらず、日本は四国連合構想が前提の対ソ接近策を進めたのである。四〇年、四一年と外相松岡洋右が進めたこの独自外交を陸軍は追認し続ける。

一九四一年(昭和十六年)末の対米英開戦に至る三、四年は、クーデター未遂の二・二六事件で反ソ・天皇親政主義の陸軍皇道派青年将校が処刑され、反英米で天皇制社会主義の統制派が陸軍の権力を握り固めた以後の時期である。

しかも一九三八年の国家総動員法の制定に見られるように、日本そのものが社会主義色を濃厚にしつつある中で陸軍中堅層にもマルクス主義思考とみられる人たちが現われ、マルクス・レーニン主義が国是《こくぜ》のソ連ではなく、西洋帝国主義とみなす米英蘭仏をむしろ仮想敵と考える意識の転換すら陸軍部内に生じていた。後の話になるが、日本のこの精神状況を背景に、対日宣戦必至の気配の一九四五年初夏のソ連に米英との和睦の斡旋を託そうと、前出のように海軍出身の首相鈴木貫太郎、そして海相米内光政、加えて外相東郷茂徳も動き出すのに陸軍中枢部も同調したり、その陸軍の一部はソ連と連携しての対米英抗戦さえ唱え出す。

しかし、そこに至るまでは、陸軍部内の反ソ意識は簡単には消えなかった。

一九三九年八月にソ連と不可侵条約まで結び反ソ親独の日本陸軍を窮地に追い込んだそのナチス・ドイツが、一九四一年六月二十二日に今度は逆にソ連を攻撃する。その結果、やはりこのドイツに呼応して従来思考の対ソ連攻撃を、との強い突き上げがなお陸軍中央の一部には生じたが、それでも今や陸軍上中層の大勢は、親ソ海軍の南進論に同調していく。この時期の陸軍中央部内の深刻な葛藤はその時期に参謀本部第一部作戦課にいて強く対ソ戦を主張した高山信武《しのぶ》（陸士第39期）の著書『参謀本部作戦課の大東亜戦争』（二〇〇一年、芙蓉書房出版）に詳しい。

首尾一貫して実行された革命化路線

アメリカに挑発され、石油の輸入も絶たれ、対米英戦へと海軍が急傾斜し、陸軍も後を追う中で、この軍部を鼓舞《こぶ》し、けしかける言動がマルクス主義系などの知識人、報道・言論人の間に高まる。「国民の覚悟はできている。ひじきの塩漬けで国難に処せんとする決意はすでに立っている。待つところは、『進め――』の大号令のみ……一億の大和民族、渾《こん》然《ぜん》として一つの火の玉とならねばならぬ」と「有題無題」というコラム欄で反米英を煽り叫んだ朝日新聞（一九四一年十月十七日付）はその典型であった。こうした凄まじい怒号に一般国民も洗脳されていく。

対米英開戦の時に外務省亜米利加局第一課長兼外相秘書官だった前出の加瀬俊一は、新聞が反米を叫ぶ毎朝、外務省の自分の課長室に入ると、指を切って書いたのであろうか、それも女性名の血書が決まって数通届いていて、それらはいずれも〈この期《ご》に及んでなおアメリカの哀れみを乞うとは何事か〉といった趣旨の内容だったと『Ｔｈｉｓ ｉｓ読売』一九九八年三月号で語っている。


言わば草の根の反米英感情、反米英運動といった現象については、やはり明治大学名誉教授の三宅正樹が自著『日独政治外交史研究』で考えさせられる事実を例示しているので、それを紹介する。

当時の司法省刑事局が作成した秘文書「思想資料パンフレット別輯《べっしゅう》　国家主義団体の動向に関する調査」によると、国際共産主義組織「コミンテルン」への対処のために一九三六年十一月に締結された日独防共協定（翌三七年にイタリアも加入）を日独伊三国の軍事同盟へと発展させる検討が時の平沼騏一郎内閣で難渋しているころの一九三九年（昭和十四年）四月二十二日に、自然発生的に例えば「日・独・伊軍事同盟締結要請全国青年連盟」（傍点は長谷川）というものが各種の団体を糾合して結成され、同盟の締結を祈願する断食まで始めている。ところが、こんな運動ではなお物足りないと、間もなく同連盟は解散を声明し、新たに有志が「日独伊軍事同盟を達成する全国青年連盟」（傍点は長谷川）を作ったが、それより間もない八月二十三日に独ソ不可侵条約という一種の独ソ友好条約が突如ドイツとソ連の間で結ばれるや、この「達成連盟」も存立の意義が失われたと、これも解散を決めざるをえなくなる。

日独伊防共協定をさらに発展させる条約の締結を巡って苦しんでいた平沼政権は、当のナチス・ドイツが防共の対象であるソ連と、ひと晩明けたら握手していた事態に腰を抜かし、「欧州の天地」のこの大異変を理由に総辞職したのだが、一国を担う政権から草の根まで、少なくとも当時の日本は、その時々の列国の政略、思想・精神状況に揺さぶられるままの、確固とした拠《よ》り所もない一国でしかなかったのである。

この独ソ不可侵条約の成立によって日独伊側にソ連も参入させた日独伊ソ四国連合という、米英に匹敵し得そうな反自由主義・反自由経済の強大なユーラシア大陸連携への胎動が始まり、スターリン独裁のソ連も、今日まで明らかにされている独ソの関係文書によれば、米英側に寄るのではなく、この四国連合の実現へと明らかに踏み出していた。ソ連にとっての主敵はナチス・ドイツではなく米英と認識していたからなのであろう。しかし、この四国連合の鎹《かすがい》であったナチス・ドイツが今度は逆に独ソ戦へと走って、またも日本は翻弄され、方向感覚を失い、結局、第二次大戦への参入機会をうかがっていたルーズベルト米政権の餌食となって、対米英開戦へと挑発される始末となってしまった。

しかし右往左往の政権や草の根だけを笑ってはいられない。戦中に「鬼畜《きちく》米英」を叫んで大東亜戦争を鼓吹《こすい》し、戦後は頬被りして、政党で言えば日本共産党、日本社会党の側の陣営で旗振りをした、学界、言論界の数多《あまた》の人たちを実名で列挙するには事欠かない。

東京帝国大学法学部教授として、現状維持の静態的平和機構から歴史の発展を受けた動態的平和機構をめざすという「大東亜国際法」なるものを華々《はなばな》しく唱えて対米英戦に全面的に率先協力し、戦後はソ連の陣営に走って、国際レーニン平和賞までもらい、その残虐な実体が明らかだった北朝鮮（朝鮮民主主義人民共和国）を、残虐であるからこそなのか、現段階のマルクス・レーニン主義国家と礼賛したりした国際法学者安井郁《かおる》のような人もいた。

これらの中には、時流に応じて次々と変節する人間もいるのだろうが、支那事変も大東亜戦争も、それを煽り激化させ、窮乏し疲弊した日本なら日本を暴力的にでも共産主義国家へと変質させようとした、米英を国際階級敵とみる階級闘争信奉のマルクス主義者、そして同様の主義の尾崎秀実のようなソ連・コミンテルン工作者もいた。

これらの人たちとしては、戦前も戦中も戦後も、本人の理論づけとしてはマルクス主義階級闘争を首尾一貫して実行しているのであろう。おびただしい人命の犠牲など戦争の悲惨も、階級闘争によってマルクス主義、共産主義の社会を実現する必要経費とみる彼らは、戦争の地獄に顔を背けるごときはブルジョア社会、つまり旧社会の下らない感傷と唾棄するのである。

マルクス主義とは何か。それはカール・マルクスとフリードリヒ・エンゲルスの共著の『共産党宣言』(『Manifest der kommunistischen Partei』)にその考えは展開されているが、それを一言《ひとこと》で済ませば、階級闘争によって世界史は、その科学法則から無階級の共産主義社会に到達するというのである。それを私は妄想史観とみるが、その主義を国是とした旧ソ連が、一九二八年(昭和三年)から五カ年計画というものによって工業生産力などを大増進させていた状況が、一部とは言え、日本の知識層にも大きな影響を与えていた。

道化的な存在

尾崎秀実《ほつみ》については、すでに本書でも繰り返し名前を出してきたが、ここで改めて素描すると、ゾルゲ諜報団の一味として、ソ連・コミンテルンのための諜報活動に身を投じる一方、よく知られているように、総合雑誌や近衛文麿周辺者の会合（昭和研究会）などで支那事変を徹底的に遂行し、蔣介石が率いる中華民国国民政府を潰し、さらにソ連へ向かう日本の北進も阻み、米英蘭仏の植民地への南進を使嗾する言動を活発に展開していた人物である。元朝日新聞記者だが、そこを辞めて第一次近衛政権の内閣嘱託となり、次いで南満洲鉄道調査部嘱託をしている中で、日本の対米英開戦の直前に、ある捜査の関連からゾルゲ諜報団の一味と分かって逮捕され、その三年後に、尾崎を使ったソ連赤軍間諜のリヒャルト・ゾルゲと共に処刑される。その言動は、ソ連という世界最初のマルクス主義国家を守り、同時に世界の共産主義化という目標の追求に一切を集中させていたと思われ、世の変化に応じて言動がそのつど変わる主義者らとは逆の存在ではあったのであろう。

日本のあの対米英戦争を聖戦として煽動した知識人風の人たちは、①付和雷同型②正義視型③マルクス主義型の三類型にほぼ分けられると思うが、対日戦に直面したアメリカの知識人風の層もおおむね同様にこの三色に色分けができるように思われる。

米大統領ルーズベルトの周辺の前出のラフリン・カリー、アルジャー・ヒス、ハリー・ホワイト、蔣介石の中華民国国民政府の仮首都の重慶に同国民政府顧問として派遣されていたオーウェン・ラティモアらは三番目のマルクス主義型で、彼らの窮極の本心は、記録されているその行動を追う限り、尾崎秀実と変わらず、第一の目的はソ連防衛だったと推定する。その点から眺めると、反ソ連で主敵中の主敵のはずのナチス・ドイツとソ連が不可侵条約を結んでそのナチス・ドイツの戦争政策を、このナチス・ドイツに自分が攻撃されるまでとことん助け、日独伊ソの全体主義四国連合の構築までをソ連が大真面目で考えたのも、世界共産主義化の最終目的を実現するためのソ連の一つの戦略ないし謀略として、ルーズベルト周辺の米マルクス主義者もこれを肯定していたのではないかと考える。しかし、スターリン自身はソ連の主敵は理論的にもナチス・ドイツではなく米英で、その観点からナチス・ドイツのヒトラーをそこそこ同志視していたとみられるので（Ernst Nolte『Der Europäische Bürgerkrieg 1917-1945: Nationalsozialismus und Bolschewismus』）、そうであれば、防共協定すら結ぶナチス・ドイツと日本を主敵とみなしていたのであろう米大統領ルーズベルト周辺の親ソ連マルクス主義者らはなんとも道化的な存在となってくる。

共産主義者・松本慎一の「大東亜戦争肯定論」

話を日本に戻す。

前出の尾崎秀実の終生の友人であったと考えられる少なくとも一人は、戦後も間もない一九四七年に四十六歳で病死したマルクス主義者で日本共産党員でもあった松本慎一ではなかったか。対米英戦なおたけなわの一九四三年（昭和十八年）にその松本は『西洋の追放──中華民国の歴史』という大東亜戦争翼賛、いや賛美の本を書き、戦後はこれがたたって日本占領のＧＨＱ（連合国軍総司令部）の定めた戦争協力該当者として公職から追放の措置を受けた。大東亜戦争についてこの本は米英などの支那、アジア侵略を糾弾し、この西洋勢力に対し日本は正義の戦争（つまり南進）を挑み、赫々《かくかく》たる戦果を挙げ、植民地化されたアジア諸民族を見事に解放しつつあると記述したものだった。日本に対するアメリカの暴慢無礼も非難し、そして、例えばこうである。

「然るに機熟して日本が断然蹶起《けっき》するに及んで、彼等の判断が誤っていたことがたちまち明らかとなった。東亜の諸民族が日本の相次ぐ勝利を目撃し、米英盲信の夢から覚め、糾然として日本の大東亜共栄圏建設の主張に共鳴同感したのは、誠に当然であった。これこそ、真に『アジアの覚醒』であった」（新漢字に直した）

年月が経って薄茶に変色した、古本として購入した同書のページをめくると、このように全篇が生き生きとした筆致で綴られている。東南アジアのアメリカ、イギリス、オランダの植民地で日本軍が次々と米英蘭軍を打ち破った現実に心底から歓喜している様子がうかがわれる。これは、単に時流に迎合しての著作ではない。マルクス主義者、共産主義者はあの大東亜戦争に反対したという、戦後にその陣営から吹聴された言説は全くの虚偽であり、むしろ、この主義、思想の者こそ、米英撃滅の戦争を、一つの国際階級闘争として理論化、理屈づけし得ていたのであろう。他方、米大統領ルーズベルト周辺のマルクス主義者、共産主義者もおそらく対日戦を、歴史を発展させるやはり国際階級闘争とみなしていたのではないか。反共色が強いとみられた日本は抹殺すべき主な対象であったのだろう。階級闘争を歴史の科学法則とする彼らは、歴史の必然であるその国際階級闘争も、科学の行為であれば、病気の人体への手術と同じく無慈悲で容赦ないものでなくてはならず、その疑似理論の延長線上では日本の大中小都市への無差別絨毯《じゅうたん》爆撃も原子爆弾の投下も一つの国際階級闘争の手段として、なんら回避すべきものではなかったのであろう。

多分、先の松本慎一も米英蘭など、そして、これらの勢力と組む蒋介石の中華民国国民政府との戦争は、マルクス主義の国際階級闘争と理論的には捉えていたのだろうが、その主義を超えた心情も行間からは匂ってくる。それは、公訴関係の文書に精密に記録されている、世界情勢、国際関係についての尾崎秀実の、無機質とでも表現するしかないマルクス主義、あるいはコミンテルンの戦術・戦略論の供述とはおよそ異質な物言いなのである。

大東亜戦争初期の日本の南進の成功、そして西洋の諸植民地の攻略を獄中の尾崎は、公訴関係の記録によれば、国際階級闘争の中で予想された一現象と淡々とみなしているが、松本は素直に喜んでいるように思われる。しかし、そうした気質の違いを超えて、あの日米衝突を、日本側の政権周辺にいた尾崎秀実、その尾崎の親友の松本慎一も、そして米ルーズベルト政権中枢のラフリン・カリー、アルジャー・ヒス、ハリー・デクスター・ホワイトもマルクス主義という同一の主義、疑似理論を抱いて相対し、その主義に則り互いに親ソなれど相手国を敵視していたのである。

尾崎と同じく松本も旧制の第一高等学校、東京帝国大学法学部を出た。尾崎はとりあえず朝日新聞社に入社したが、松本はある出版社に勤め、おそらく治安維持法違反のためではないかと思われるが、逮捕されたり、執行猶予の判決で釈放されたりしながら、終戦を迎え、戦後は全日本印刷出版労働組合書記長を務める。それより前に一九四一年十月十五日に尾崎が逮捕されて以後、ともかく極刑を免れさせようと、獄中の尾崎に必死に助言して二度も上申書を書かせたり、尾崎の家族の面倒も見続けたが、しかし、前述のように松本と尾崎の感覚には明らかに大きな違いがある。

ソ連のスターリン共産主義体制の凄まじい暴虐性を知ったら、例えばノーマン・M・ネイマークの『スターリンのジェノサイド』(二〇一一年、みすず書房)を読んだら、それに二人はどう反応したろうか。松本は非常に動揺し、マルクス主義という歴史の科学法則の表われとして暴政も殺戮も可能となる疑似理論を疑い、これを廃棄したのではないか。存命であったら尾崎はどうであったろうか。日本でもアメリカでも、政権内も含めて、そして日本の場合は仮面を被《かぶ》ってはいただろうが、マルクス主義知識人は自国の対米戦、対日戦をそれぞれ進歩的戦争と捉え合っていたのだろうが、その主義からは日本への原子爆弾の投下も歴史の科学法則の表われとみなすのか。

近衛上奏文の警告

この時期の日本の強烈な反米英の思想・精神状況を考える上で参考になる近年の論文の一つを見てみる。それは、朝日新聞記者、信濃毎日新聞主筆を務めた後、一度落選して衆議院議員となり、第一次近衛内閣で突然内閣書記官長、第二次近衛内閣の前半期には司法相を務め、戦後も衆議院議員に当選し、左派社会党に入党し、出身地の茨城県水海道《みつかいどう》町の名誉市民第一号にもなった風見章を、その日記を中心に日本近現代史研究者の林千勝《ちかつ》が分析した、雑誌『正論』の二〇一六年五月号の記事である。

その論文で林は戦前の風見の狙いは「①支那事変の積極的拡大志向、②日本での革命志向（支那事変は日本での革命の手段）、③独裁体制としての新党（一国一党）づくり〈④⑤⑥は略〉」にあったと判断し、支那事変などの戦争を通して日本をソ連のようなマルクス主義、共産主義国家へと転換させるのが彼の企図であったとみなす。これは内閣書記官長のこの風見の推薦で第一次近衛内閣の内閣嘱託に就き、同時にゾルゲ諜報団員として日本の国家機密をソ連に通報し続けた尾崎や、その他の著名知識人、少なからざる報道・言論人と同じ志向の戦略、謀略である。

こう見てくると、ここでどうしても見落とせなくなるのが、終戦の半年前の一九四五年（昭和二十年）二月十四日に元首相近衛文麿が昭和天皇に対し、天皇も絶句したと記録される上奏をした有名な一件である。米側の日本爆撃も本格的に始まって大東亜戦争も終末に近づいていたこの時期、今後の対処について昭和天皇が重臣（元首相経験者）から個別に意見を聞く場が設けられた。その機会を借りて近衛は携えてきた原稿を元に、「敗戦は遺憾ながら最早必至なりと存候《ぞんじそうろう》」と語り始め、日本は敗戦に伴い今や共産主義革命の危険に面していると、警告したのである。その触りを示すと、

「此《こ》の事は過去十年間、軍部、官僚、右翼、左翼の多方面に亙《わた》り交友を有せし不肖《ふしょう》が、最近静かに反省して到達したる結論にして、此の結論の鏡にかけて過去十年間の動きを

照らし見るとき、そこに思い当る節々頗る《ふしぶしすこぶ》多きを感ずる次第にて御座候《ござそうろう》。（略）昨今戦局の危急を告ぐると共に、一億玉砕を叫ぶ声次第に勢を加へつつありと存候《ぞんじそうろう》。かかる主張をなす者は所謂《いわゆる》右翼者流なるも、背後より之を煽動しつゝあるは、之によって国内を混乱に陥れ、遂に革命の目的を達せんとする共産分子なりと睨《にら》み居り候。（略）此の一味を一掃し、軍部の建て直しを実行することは、共産革命より日本を救う前提先決条件なれば、非常のご勇断をこそ望ましく奉《たてまつり》存候。以上」（振り仮名、括弧内は長谷川）

この上奏に続いて昭和天皇は近衛と若干の問答を交わしたことが、関係文献には記録されているが、かかる内容の、それも長文の上奏文に昭和天皇はただ仰天の面持ちだったようで、天皇と近衛の問答は、上奏の内容を巡る突っ込んだやり取りには至らず、無内容に終わったようである。

日本の降伏を告げる八月十五日の昭和天皇の玉音放送も、それを阻止しようとしたごく一部の陸軍部隊の、皇居内外での一時《いっとき》の騒乱を除くと、無事に終わり、そして日本はアメリカを中心にした連合国による占領体制下に置かれたこともあってか、この上奏文は戦後、近衛の誇大妄想から生じた馬鹿話とか、あるいは、上奏文で言及されている一味と近衛自身が一時期繋ってもいたので、その過去を消すためのアリバイ工作と謗《そし》られたりもし、戦後ずっとこの近衛上奏文問題はまじめに検討を加える気配も起きてこない状況だった。が、こうした怠惰な知的状況を突き破るように、二〇一六年九月に、現代史に関わる論及を発表している高等学校教員の新谷《あらや》卓《たかし》が『終戦と近衛上奏文　アジア・太平洋戦争と共産主義陰謀説』(彩流社)を発表し、近衛上奏文が言及する戦前・戦中の日本の思想・精神状況について詳細な実証研究の結果を世に出した。新谷のこの力作は、近衛上奏文が訴える大東亜戦争末期の共産主義革命の切迫性、現実性についてはやや否定的に結論を保留しているが、近衛の危機感が絵空事とは言えない実態は入念に浮上させている。

ここで一つの想像を許していただきたい。

軍部がなお焦土で抗戦を続ける中で、軍部が関わる共産主義クーデターが、例えば昭和天皇を監禁して発生したとしても、疲弊した焦土で、それが長続きするかどうかは疑わしい。広島、長崎市に限らず、製造され次第、さらに何発もの原子爆弾が、まだ焼け残った東京、大阪、名古屋の周辺住宅地一円にも落とされたり、そして予定通り米軍の大兵力が九州、次いで関東方面にも上陸している中で、対日宣戦したソ連が、なお日本列島奥地で、監禁中の天皇を擁して米軍に対し戦闘を続ける共産主義クーデター側を支援する日本上陸作戦のまねごとすら行えるだろうか。巨大なアメリカの軍事力に助けられてやっと、辛じてナチス・ドイツに勝利し得たソ連がアメリカをその時点で敵に回すことは考えられない。しかもアメリカは核戦力を保有したのである。むしろ、米海軍に助けられて若干でもソ連軍が日本本土に上陸し得るとしたら、共産主義クーデター側に対する討伐を、いかなる理屈をつけてであろうと米側と共に行うのではないか。一番可能性が高いのは、共産主義クーデター側は、日本本土に上陸した圧倒的な米軍に対し、ペリリュー島や硫黄島などでの陸軍のように玉砕はせず、むしろ手を上げたのではないか。主義者は理屈をつけての割り切りも早いのではないか。

戦争目的は〝西洋追放〟だったか

歴史の現実に戻る。

ソ連も守り、日本を南進へと挑発したアメリカと、やはり北進はせず対米英蘭の南進へと向かった日本は、互いを憎悪しながら、根本の所では利害がぴたりと一致していたことはすでに見た。その意味でルーズベルト米政権側と日本の軍部・政府・知識人・メディアの主義者は実のところ互いに敵ではなかったのである。繰り返すが、いずれの側も、その中の主義者は戦争という途方もない悲惨、虐殺もマルクス主義革命の必要経費とみる味方同士そのものだったのである。互いにそうとは分からずにではあったかもしれないが。
しかし、そうした思想・精神状況の中でも自由主義的な言説は日本でもなお見出《みいだ》せた。それは南進へと日本の足音が高まっていた、例えば一九四一年（昭和十六年）二月二十七日の衆議院本会議で立憲政友会正統派の議員植原悦二郎《うえはらえつじろう》がおこなった演説である。政党を排した一国一党的な国政組織として前出の風見章などが樹立に動き、一九四〇年十月に発足したあの大政翼賛会について植原はこうも発言している。少し長くなるが、議事録の原文どおり主要部分を採録する（仮名を振り、漢字は新字に直した）。

「私ハ翼賛会ノ現状ニ対シテ反対スル少クモ三ツノ理由ヲ持ッテ居リマス　ソノ一ツハ日本ノ赤化デアリマス、何ト言ウテモ翼賛会組織ハ『ソ』連ノ『ボリシェヴィーキ』又ハ『ドイツ』ノ『ナチ』ニ酷似シテ居ルモノデアリマス、而《しか》モ此ノ組織内ニハ奇矯過激ナル言論ヲ敢《あ》エテスル者ガ多数存在シテ居リマス、革新ナル美名ヲ藉《か》リテ『ソビエト』ノ赤化組織ヲ我ガ国ニ移植セント計画シテ居ル者モ存在スルノデハナイカト疑ハルル事実ガアルノデアリマス（拍手）国民再組織ナル奇怪ナル標語モ、此ノ間ニ発生セラレテ居リマス、国家ノ前途ヲ想フ者ニシテ、誰ガ此ノ事実ヲ看過スルコトガ出来マセウカ（拍手）翼賛会ハ果シテ赤化ノ温床ニアラザルカ、私共ハ疑問ヲ抱クモノデアリマス（略）大政翼賛会ハ政府ト表裏一体ト言ヒナガラ、中央ニ於テモ翼賛会ノ幹部ハ政府ト全ク異ッタ外交政策ヲ掲ゲ、又経済翼賛ト称シ、社会主義、共産主義ニ類スル言辞ヲ弄シテ居ル、而《しか》モ彼等ノ言説ハ常ニ他ヲ排撃シ、彼等ノ一団以外ニ日本ヲ愛スル者ガナキガ如キ口調ヲ羅列シテ居ル（略）」

そのころ、同じ趣旨の質問主意書が政府に別の衆議院議員から出されているほか、議場での発言も貴族院を含めて相次ぎ、国家統制の経済新体制や大政翼賛会はマルクス主義との指摘が強かった。

第二次近衛文麿政権は、こうした批判を受けて大政翼賛会の性格を一国一政党的なものから公的行事の主催機関ないし時局啓蒙機関のようなものに衣替えするが、そもそもはやはり、日本の国家体制を社会主義型に転換させる狙いを込めた一国一党的組織としてマルクス主義系知識人も加わって設立されたのが大政翼賛会であった。風見章などマルクス主義系の著名人は、大政翼賛会を使って、社会主義への挙国一致体制を生み出そうとしていたのだったが、このあたりから国家統制型の日本をめざしていたと思われた近衛文麿の考えに微妙な変化が生じていたようである。が、その原因が何かは、少なからざる近衛研究書も突き止めに成功しているとは思えない。日本が、軍部、革新官僚、無産政党、民衆団体、知識人、メディアの誘導によって、ナチス・ドイツ、ソ連に似た全体主義体制へと変わりつつあることを自問自答し始めていたのか。前出の近衛上奏文の芽生えがすでにあったのか。近衛は第二次政権半ばの四〇年十一月に内閣改造をし、司法相でもともとの大政翼賛会づくりに努めた風見章を閣外に出している。

ここでまた繰り返すが、それをどこまでそうと意識し、分かっていたかは不明だが、大東亜戦争と称した日本のあの南進、つまり対米英蘭戦争は、戦争の相手からソ連を外し、米国を大戦に引き入れたことで、ルーズベルト米政権内の多くのマルクス主義者の利害とぴたりと一致していたのである。

日本のあの大東亜戦争を、人によっては資源収奪の侵略・征服戦争と言い、人によっては資源を絶たれての自衛・生存の戦争と理解し、人によってはそれらに西洋植民地からのアジア諸民族解放の性格を同時に見て取る。いずれも日本海軍の真珠湾攻撃などで始まるあの多面相の大東亜戦争の捉え方なのだろう。しかし、私は、一方でマルクス主義系の人々が真珠湾などから始まるあの戦争を大義化し、翼賛し、推進していた事実を見逃すことはできない。持てる者（米英蘭など）から持たぬ者（日本など）が資源を奪う戦争は国際ブルジョア階級（米英蘭など）に対する国際プロレタリア階級（日本など）の国際階級闘争と日本のマルクス主義者は理論づけし、正当化した。先に紹介した松本慎一の『西洋の追放』もその一つであろう。

おそらく近衛文麿は、一九四一年九月六日夜に伊藤文吉邸で駐日米大使グルーと密談した時、なお漠然とではあったかもしれないが、不明ながら自らもこのマルクス主義系の勢力に一時《いっとき》は担《かつ》がれたことを非常に苦にしていたのではないか。

おわりに——昭和、平成の世に、岩瀬忠震がいないことを惜しむ

当書の本文、つまり第一、第二、第三部の筆を措《お》いて頭を過《よぎ》ったのは、どうも書いているることが今起きている、現在進行の話であるかのような錯覚にいつも取り付かれていた、ということです。

ハワイ・真珠湾への攻撃へと行き着き、そして、そこなどから始まった、米英などに対するあの大東亜戦争は、本書を書いているこの今からはもう四分の三世紀前後も前の、歴史の彼方《かなた》の出来事ですが、しかし、それでもそれぞれの祖父母、いや人によっては父母の同時代のことです。それどころか、あの戦争そのものに、それこそ前線で従事し、なおかくしゃくとしている人々もいる。そんなごく近過去の話です。

しかし、しばしば現在進行形の事柄であるかのような気持ちに私が陥っていたのは、まだついこの間の事態であるという時間感覚からのみ来る錯覚ではなく、本書の一、二、三部で著《あらわ》した、いま何をすべきか、何をすべきでないかを摑む、見抜く力が鈍い、持病かの

ようなこの国の問題性が、それこそ今も眼前で進行中だからではないのかと思うのです。

大雑把に括《くく》ると、本書の第一部で私は対米英開戦へと至る彼我の政治戦を、二部で情報戦を、三部で思想戦を縷々《るる》描きました。そこで浮上したのは、およそ世界を舞台に政治戦、情報戦、思想戦を戦える器量はそもそも当時の日本には備わっていなかったという事実ですが、戦後もそうです。第二次大戦を経て根本から世界史の情景が変化してきていますが、つまり人権という価値観が国家主権を超える規範となりつつありますが、しかし日本政府は、人間抑圧体制に対して首都北京《ペキン》の天安門広場で抗議の声をあげた人々に銃を向けた中華人民共和国政府に対し、いち早く経済援助（ODA）を再開したり、天皇訪中をしてみせて国際的な制裁の輪を崩したり、新疆ウイグル自治区の相当の人口を強制収容して洗脳などの人権蹂躙を進めているという同じ政府に愛想笑いをしながら各種の連携事業を取り結んだりしている。前者は、戦後も四十四年経った一九八九年に、後者は同じく七十三年過ぎた二〇一八年に起きています。

愚鈍だった日本指導部。そしてその後も……

あの時、一九四一年十二月七日（ワシントン時間）に対米英開戦の意味を込めた対米覚書を本省指定の時刻に米側に渡せず、日本の奇襲を騙し討ちとさせてしまい、日本史に泥を塗った在米日本大使館の重大失態、そして、日本海軍の真珠湾攻撃のころよりずっと早く日本の外交暗号は完全に、遅れはしたが海軍暗号も対米英開戦の前には相当程度までそれぞれ解読され、真珠湾のあるハワイ・オアフ島に海軍が潜入させた諜報者「森村正」こと吉川猛夫も単に米側に泳がされていたに過ぎないのに、そうした可能性への不安、懸念が当の海軍側にもおよそ見られなかったというその能天気ぶり、そして、日本に対米第一撃をやらせようと必死の米側の企図、謀略も感知し得ず、日本の空母艦隊の東航を米側が追い続けていることも分からなかった愚鈍さ——。真珠湾攻撃問題を調べ、勉強していると、当時の日本の政府・軍部、とりわけ海軍とはこれほど劣った集団だったのかと、ただ呆然《ぼうぜん》とせざるを得ないのです。

しかし、こうした性質は現在も、姿、事柄は違ってもこの国でやはり現在進行形なのではないのか、と考えてしまうのです。私たちの多くにとっては同時代である昭和末年から平成にかけての、取材で私自身がその渦中で体験した二つの事件に絞って、戦後の日本もあの真珠湾攻撃のころと実は変わってはいないのではないか、というこの国の実相をここで報告させていただきたく思うのです。

一つは昭和期の最後の年の一九八九年（昭和六十四年から平成元年）の話で、日本の外交当局が真珠湾当時と同じく、はっきり申しますが、いま何が生じているか、それを見抜くという自分たちの最も大事な仕事の点でもう無能としか申せなかったこと。

もう一つは一九九五年（平成七年）の関西大震災で日本の中央官庁が、まさにその時より五十四年前に、対米開戦を通告する覚書を、在米大使館が臨機応変の知力を欠き、本国が指定する時刻どおりに米側に渡せなかったあの醜態とその性質において瓜二つのことを、これは内政ではありますが、起こしていたということです。

以上のいずれも真珠湾問題とは無関係ですし、その軽重も、一九九五年の場合は、歴史に刻印されるほどの事柄ではないかもしれませんが、あえて「瓜二つ」と記したのは、いま何が求められ、そのためには、何をしなければならないか、それを覚《さと》る知力があの時の米ワシントンの日本大使館にも一九九五年の東京都心の中央官庁にも欠けていたからです。

「自主決定」の衝撃

まず一九八九年の話をします。

その年の初夏も、私は東西ドイツで取材をしていました（自由主義圏の西ドイツの正式名称はドイツ連邦共和国、共産主義圏の東ドイツのそれはドイツ民主共和国でした)。私事《わたくしごと》で恐縮ですが、その前年に朝日新聞社が創刊した週刊の雑誌『AERA《アエラ》』に私は新聞の部門から異動していて、すでに最末期のソ連(ソヴィエト社会主義共和国連邦)の各地を時間をかけて取材し、誌面に発表していました。感じられる大きな小さな地響きに耳を澄《す》ますそんな一環として今度は東西ドイツにも足を伸ばしていたその途中で、西独の首都ボンにも立ち寄っていました。そうした中のたまたま六月十三日に、そのボンで西独のヘルムート・コール首相と、折りから西独を訪問中のミハイル・ゴルバチョフソ連共産党書記長(兼ソ連最高会議議長)が首脳会談をしていたようでした。この首脳会談それ自体には私は何の予備知識もさしたる関心もなく、各国間の、型通りのそれの一つくらいとしか思っていませんでした。

ところで私が泊まっていた小さな宿はボン市内のある狭い広場に面していて、そこの真ん中辺りに新聞・雑誌、その他を置いている売店があるのが目に入っていたので、十四日朝、その店に行って、並んでいる数種類の日刊紙を全て買い、抱えて宿に戻り、部屋にこもって片端から目を通し始めました。もちろん各紙とも一面トップで先の首脳会談、その時の共同政治宣言を大きく扱っていました。しかし、西独の有力紙と思われる二紙(地方紙ですが、有名な『フランクフルター・アルゲマイネ』と『ディー・ヴェルト』)も含めて互いに横並びするように、共同政治宣言もただそれを、ずらっと載せているだけの、見出しも含めて何の特徴もない、ありきたりの紙面だったと思います。が、そんな中で、有名でも何でもない、西独首都のボンを含む地方の小さな地方紙の大見出しを目にして私は仰天し、ひっくり返るくらい興奮したのです。その時の衝撃は長い年月を経たいま現在も頭から離れません。その大見出しは、「Selbstbestimmung《ゼルプストベシュティムンク》（自主決定）」というものでした。

新聞の価値は有名とか有力とかとは関係ありません。事象の本質を捉えているか否か、その一点に尽きます。この場合、いずれの有力紙もその名に価せず、この小地方紙のニュース感覚が突出しているように思われました。これから世界史の大激動が始まるのではないか――。所属しているのは新聞社であるが、いま私がいるのは新聞の部署ではなく週刊の雑誌なので多少の時間はあると、少し心を落ち着かせ、やおら、この西独・ソ連共同政治宣言についての取材を西独外務省に申し入れ、翌日、まさにこの共同政治宣言そのものを担当した、日本でいえば中央官庁の局別の審議官に当たると思われる人に取材ができました。非常に忙しい時の高官であろうに時間を割《さ》いてもらえ、一時間近く質疑できました。

いったいなぜ私はこの「自主決定」という小地方紙の大見出しに驚いたのか。その言葉自体は、見方によっては、国際関係を律するごく当たり前の、むしろ平凡な決まり文句ではないか、と逆に私の「仰天」に怪訝《けげん》な感じを持つ人もいるかと思いますが、とんでもありません。この大見出しの語彙《ごい》こそ、第二次世界大戦後の国際関係の中でタブー（禁句）のような扱いを受けて来たのです。例えば共産主義のソ連圏なら、ソ連圏の国々が「自主決定」を始めたら、ソ連圏は一九九〇年前後を待たずにとうに消えてなくなっていたでしょう。戦後の順番でいえば、まず一九五三年に東ベルリンで大暴動が起きた東ドイツ、一九五六年に首都のブダペストでやはり大反乱が発生したハンガリー、一九六八年に物事の自主決定へと動いたチェコスロバキア（当時の国名）、そして一九八〇年に連帯運動がやっと国政を左右するようになったポーランドを見るまでもなく、一九八九年より早い時期に国々の「自主決定」が当然であったら、そもそもソ連圏は存在していなかったか、とうに消えていたでしょう。しかし、ソ連圏では「自主決定」は御法度《ごはっと》だったので、比較的早くに民衆が「自主決定」を主張した東独もハンガリーもチェコスロバキアも、ソ連に戦車まで出されて徹底的に弾圧、圧殺されたのです。

ただ、「自主決定」という、国際理性にかなったこの文言は、第二次大戦前は、あのアドルフ・ヒトラーの、そして彼が率いたナチス（国家社会主義ドイツ労働者党）の運動、彼が政権を握った後のナチス・ドイツそのものの常用語だったことも、戦後にこれをタブー（禁句）化させてしまった一因かもしれません。第一次世界大戦に敗れ、ドイツ固有の国土やドイツ系が大多数で歴史的にもドイツの範囲にあった諸地域がドイツから他の既存国家や新独立国家に帰属させられた戦勝国側決定の戦後処理に対する、とりわけヒトラー、ナチスの国土回復運動の標語ともなっていたからです。

しかし、ともあれ、一九八九年六月十三日の西独・ソ連共同政治宣言の中の「自主決定」に関わる項目の文章を見てみましょう。

「いずれの国家も、自国の政治、社会体制を自由に選ぶ権利を持っている。国際法の基本条項、規範、とりわけ諸民族の自決権を全面尊重する」

国際法の基本条項、規範を尊重することをうたって、しっかり平和解決のたがを嵌《は》めた上ではありますが、そうした条件の下でなお、とくに「諸民族の自決権」の尊重を全面的に西独とソ連の共通原則としたのです。戦勝した西側とソ連が勝手にドイツを分割して占領し、そこに西側と組む西独とソ連が支配する東独という二つのドイツ国家が作られてしまい、これが戦後の激しい米ソ対立の中で、永久不変の、固定された現実かのように世界で認識されていましたが、そうではなく東西両ドイツがそれを望めば、米ソ対立の現実とは関係なく統一ドイツ国家の再現は尊重されるというこの宣言に西独とソ連が判を押した一九八九年六月十三日（ボン時間）のこの瞬間から、世界を分断する米ソ対立の象徴でもあった東西ドイツ国家並立の解消も、そして、このドイツ分断を見た目にもすぐ分からせてくれる、第二次大戦での敗戦までのドイツ首都ベルリンの東西境界線の東ベルリン側、つまり東独側に境界線すれすれに巡らされたいわゆる「ベルリンの壁」の撤去も実は時間の問題となったのです。

西独・ソ連共同政治宣言を読んだ翌六月十五日に、前日の予約に従って西独外務省を訪ね、この問題の担当の高官と会い、あの共同宣言の調印に至るまでの経緯を尋ねました。その高官は、政治宣言文は西独側が書き、なんと「諸民族の自決権」を含む原文の九割をソ連はそのまま受け入れたということでした。要するに、ゴルバチョフ体制下のソ連は、世界を二分するソ連圏のようなものはもう消してしまおうとしていて、それをそうとは言わずに暗黙のうちに告げる最初の行事が、一九八九年六月十三日のボンでの共同政治宣言の調印だったのです。私が会った西独外務省高官は、前々日にその調印を成就した喜びがなお消えやらぬ面持ちでした。表情が輝いているのです。

この西独外務省高官の話を元に考えました。民族自決権も西独側が書き、そしてソ連もその草案に賛成したということは何を意味するのか。そもそも草案協議の段階で「諸民族の自決権」が初めて叩き台に載って、ああそうですか結構ですということは、事の性質上あり得ないでしょう。あの冷戦下で発生し、それなりに定着したドイツ分割の既成事実は、たとえ改革派ゴルバチョフの時代といえど、長期にわたって水面下での西独側とソ連側の膝詰め談判が続き、ある線で双方が一致した上での西独側からの草案提示、そしてほぼそのままの内容で両者は握手、という経過だったと思うのです。

水面下でのその接触が始まったのは、一九八五年に改革派のソ連共産党政治局員ゴルバチョフが共産党書記長に就いたその時からとして、「諸民族の自決権」の明記を主張したのは西独とソ連のどちらからなのか、どちらからともなくだったのか、その辺の本当のことは分かりません。しかし、北方四島の領土問題をソ連、そしてロシアとの間で抱える日本が、一九八五年のゴルバチョフの共産党書記長就任と共にゴルバチョフないしその周辺に対する工作に水面下でも必死に取り組んだ様子はありません。それどころか、ただぼけーっとゴルバチョフの就任を見ていたのだったら、いったい日本の外務省、国会与野党は何のために存在しているのか、と思わざるをえないのです。

「東西ドイツ統一はありえない」と明言した外務省高官

一九八九年に私が、前年からのソ連に続いて東西ドイツの取材に向かった理由の一つは、東京都内で、然るべき立場のある欧州筋からドイツ問題でかなりの動きがあるとの情報を得てもいたからです。そして、西独での先の西独・ソ連共同政治宣言や、それに続く西独外務省高官の言葉が、「ベルリンの壁」の崩壊、そして東西両ドイツの合体は今や時間の問題と確信させてくれました。間近いドイツの再統一を告げる私の原稿は、私自身が内容を相当に弱めたものの、それでも、そういうことはあり得ないという関係識者などの当然の常識を反映してか編集部にも強く疑問を抱かれたのでしょうか。誌面への掲載は大幅に遅れ、その年（一九八九年）の十一月九日の「ベルリンの壁」の崩壊の一週間前くらいの誌面になんとか姿を見せました。あぶなかったのですが、それでも世界史のあの決定的瞬間には、言わばタッチの差というか滑り込みで何とか間に合いました。

そのころ、私は別の取材で米ワシントンにおりましたが、東京から富岡隆夫アエラ編集長が「すぐベルリンへ飛ぶよう長谷川に伝えてくれ」と朝日アメリカ総局に電話してきて、内藤頼誼《よりよし》総局長がワシントンから西ベルリンへの当日夜の飛行機の切符まで手配してくれていたのですが、その時私がワシントンにいたのは、ある課題の取材チームの一員としてであり、チームの都合でやはりベルリン行きは不可能となり、そのことは泉下《せんか》の富岡編集長には今も申し訳なく思っています。

私事にこだわっていて恐縮ですが、「ベルリンの壁」崩壊のその日の同総局内のテレビ画面に、そこからそう遠くない米大統領官邸のホワイトハウスからの中継が出ていて、これにも目を見張りました。少なからざる記者が、こともあろうに、会見室ではなく大統領執務室にまで押しかけ、矢継ぎ早にブッシュ大統領（父）に質問を浴びせかけているのです。大統領のすぐ脇に当時のベーカー国務長官がぴたりと付いていました。

一九八九年のこうした事ごとを私が綴っているのは、ある一つの、日本外務省内での体験を、真珠湾問題との関連で書き残しておきたかったからです。東西ドイツでの取材から戻り、その関係の他の原稿の執筆も終わり、さて両独統一の原稿にかかろうとしていた時だったでしょうか。その必要はなかったのですが、まあ一応この地域の担当であろう日本外務省の然るべき立場の人にも会っておこうと、ある日そこへ出掛けました。

これは、その立場のこの人の問題というより日本外務省という組織の何かに根ざす根本的欠陥の表われのように思えるので、その人の名前は控えますが、彼は私にこう言う意味のことを述べたのです。「東西ドイツの統一とか、それはあちらの公式的建前なんですよ。いつもそう言っているんです。統一なんて起こりません。そういう公式的な建前上の立場を真に受けたりしないほうがいいですよ」と。何も分からないで、ちょっと何かを聞いてきたくらいで思い込み、下らないことを我々専門家の所にぶつけてくるのはいい加減にしてほしいといった、言葉遣いは丁寧ではあるが、幾分人を小馬鹿にしたような物言いでした。何かを知られたくないために防御線を張っているのかなとも思ったのですが、いや、そうではなく、この人はいま何が欧州で起きようとしているのか本当に何も知らないのだ、その関係の責任ある立場の人なのにと思い、ぞおっとしました。

ボンの日本大使館は何をしているのか、どういう報告を本省に送っているのか。本省の責任者は出先から来る報告だけを見て、あとは机に座っているのか。東京都内には欧州各国や欧州連合（ＥＵ）の出先がある。時間を割いてはそういう所に勉強に行くのは外交上何か都合が悪いのか。こんな疑問がその責任者に会い、ふつふつと沸いてきたのです。

この取材から間もなく、日本外務省にとってはありえないはずの「ベルリンの壁」の崩壊、そしてすぐ翌年には東西両独の統一が、西独が自国の基本法（憲法）に東独を組み込むという、つまり西独が東独を呑み込むという、東独にとっては最も厳しい形で実現しました。その統一式典の時も私はベルリンのその会場にいましたが、こういう西独の完全勝利、東独の完全敗北という統一形式は、西独が東独のいわば上司であるソ連と時間をかけての精密な調整をしていなければ不可能です。

北方領土問題を抱えている日本外務省が、極めて示唆的なドイツ—ソ連関係のこの大地殻変動を全く知らないでいたのです。私は根本からの日本外務省の作り直しが急がれていると思いました。この件を私がこの本の「おわりに」で長々と書き記したのは、対米英開戦へと向う一九四一年の日本の在米大使館、そして外務省のことを調べていて、これは取材で私自身が直《じか》に体験した、真珠湾より約半世紀後の両独再統一時期の日本外務省の実相とことくに変わってはいないと実感したからです。

本文でも触れましたが、あの時、ワシントンの日本大使館は米大統領ルーズベルト本人、その周辺、つまりルーズベルト政権の実体にどれほど鍬《くわ》を入れていたのでしょうか。その政権内に知己《ちき》を得ようといかに努力していたのでしょうか。そうした取り組みの形跡がこれまでの調べでは、前出の斎藤博を除いてまず何も出て来ません。自分たちの相手の政権について在ワシントンの出先も東京の本省も無知だったのです、米政権が何を企んでいるのか、本文を繰り返しますが、それは政略と呼んでも、戦略、策略、謀略と言ってもいいでしょう、同じことですから。その米側の意図が、日本側にはさっぱりつかめていなかったのです。

その何よりの証拠が、東條英機内閣の外相に就任して間もない東郷茂徳が駐米大使野村吉三郎に宛てた一九四一年十一月四日付の、本書第三部で紹介済みの電報です。これは日本外務省が米側の謀略について完全に無知であることを、何も分かっていないことを、悲しいほど見事に裏書きしている、ある意味では貴重な内容です。組織そのものがこれほど無知ではそもそも外交も何もあったものではありません。あの決定的な時期に、そんな外務省の、それを対米というか対ルーズベルト政権というか、そういう外交の任務を突然負わされた東郷茂徳は貧乏籤《びんぼうくじ》をただ引かされたという以外にないのでしょう。

自衛隊出動を躊躇させた防衛官僚の妄言

では次に、本文の第一部で取り上げた、一九四一年の在米日本大使館の対米覚書渡し遅れの失態と関連させて、一九九五年の関西大震災の時の日本の中央官庁のことを考えてみます。タイプ清書に手間取り、本省から指定された時刻に米側に最後通告の対米覚書を渡せず、真珠湾への奇襲を騙し討ちにしてしまったあの時の在米日本大使館の醜態と関西大震災の際の、後述のある事柄に関する中央官庁の出方は、いまは何が大事なのかという物事の軽重の判断ができないという点で相通じる話で、今後も同様のことが、この国ではよく起きてくるのではないでしょうか。二〇一一年の東日本大震災の時も、少し遅れてではありますが、福島県の原子力発電災害を中心に私も各地を取材し続けましたが、この大震災への対処、とくに原発災害へのそれはその失態も含めてかなり報じられていると思われますので、ここでは関西大震災の時のことに絞ります。

あの関西大震災については、現場のほか中央の内閣官房、防衛庁（当時の名称）など関係官庁、そして、日本社会党委員長の村山富市《とみいち》を時の首相に出していた自由民主党・社会党・新党さきがけ連立政権のとくに社会党関係者らに取材していて、どうにも暗澹たる気持ちに襲われたのです。それは、一九四一年十二月七日（ワシントン時間）の、対米覚書を米側に渡し遅れた在米日本大使館のことを、繰り返し勉強している時の、どうにも滅入ってくるあの気分なのです。どうして、言ってしまえばどうでもいい瑣事《さじ》に目を奪われ、大目的が頭から消えてしまうのか。

一九四一年十二月の対米英開戦の場合は、戦闘開始の前にその意思を相手に伝える戦時国際法上の手続きを何としても守る。これが何にも増して最優先されなければなりません。そして一九九五年の関西大震災の場合は何より人命救助です。あの時、崩壊した無数の建物の下に大勢の人たちが生き埋めになっていました。とくに神戸市内の地域によっては火災が発生し、生き埋め状態の人々が、救助もないまま焼け死につつありました。どれほどの人が実際には助けられたかは分かりませんが、それは単なる結果論です。問題はどれだけ人事が尽くされたか、です。まず求められていたのは、全国の陸上自衛隊の至急の、そして可能な限りの総出動です。それ以外の何事でもありません。

関西大震災が発生したのは、一九九五年一月十七日午前五時四十六分です。その日のやっと午前九時、防衛庁防衛局の課長会議で、阪神方面の市街状況をよく知る立場に以前いたことがある同庁防衛政策課長（文民）が、重大惨事の発生を的確に洞察し、全自衛隊のヘリコプターを至急に関西地区に集中し、救出部隊を空中から大量投入すべしと強調したのですが、直接の担当の同局運用課長（同）が「兵庫県知事からの要請がない限り、動くのはいかがなものか」と反対し、自衛隊の全面出動が遅れてしまったのです。

当時の私の取材によれば、これは陸上自衛隊中部方面総監部の調べでしたが、自衛隊は倒壊家屋の下などから百五十七人も救い出し、この巨大地震発生の五日後まで生存者が発見できていました。政府が自衛隊の投入を一月十七日の早朝に決断していれば、下敷になったり、焼け死んだ人命のどれほど多くが救い出されていたでしょうか。

実は、あの一月十七日の早くも午前八時すぎ、陸上自衛隊中部方面隊第三師団に属し、兵庫県伊丹《いたみ》市に駐屯する第三十六普通科連隊の黒川雄三《ゆうぞう》連隊長は、一帯の家屋が倒壊している兵庫県西宮市に部隊を進出させ、作業を開始していました。人命を救うための自衛隊法第八三条第二項但し書（〈防衛庁〉長官又はその指定する者は、前項の要請があり、事態やむを得ないと認める場合には、部隊等を救援のため派遣することができる。ただし、天災地変その他の災害に際し、その事態に照らし特に緊急を要し、前項の要請を待ついとまがないと認められるときは、同項の要請を待たないで、部隊等を派遣することができる）に則り、防衛庁長官から指定されている資格者（この場合は第三師団長）の承認の下に合法的に出動したのです（山括弧内は長谷川）。

防衛庁防衛局運用課長の先の出動反対の意見は、自衛隊法にも疎《うと》い単なる妄言でしかなかったのですが、こんなインチキな意見が部内で注意されることもなく通り、そして自民党出身の防衛庁長官が独自の法検討によってこの場合の自衛隊の自主出動は合法と判断し、至急の大出動を可能にしようともしなかったのがあの時の自社さ連立政権でした。あのころ、兵庫県庁のほか、神戸、芦屋《あしや》、西宮市など被災地の自治体の職員労働組合は、日本共産党や、日本社会党のいわゆる左翼外郭団体の社会主義協会の勢力が強く、反自衛隊色が鮮明だったので、先の防衛庁防衛局運用課長は、そうした土地柄を知っていての保身的な出動反対論だったのか、それとも自衛隊法に単に疎《うと》かったのか。もしも、家屋総崩れの阪神地区にこの課長の息子・娘がそれぞれの孫と共に暮らしていて安否が不明でも、それでも同課長は、法もわきまえず自衛隊出動を阻んだのでしょうか。

実は、いち早い第三十六普通科連隊の救助出動のことも織り込んだ記事が載った『AERA』（一九九五年三月十三日号）が発売されて間もなく、京都府内のある読者から編集部に、第三十六普通科連隊と似たような出動の例がほかにも陸上自衛隊中部方面隊にはあった事実が詳しく具体的に記された、差出人の名前、住所、電話番号入りの投書が編集部にありました。たまたま自分が取材できた例を私は誌面で紹介したのですが、優れた判断を早期にした連隊長は第三十六普通科連隊ばかりではなかったと知り、多少とも気持ちが軽くなりました。が、この投書を読み進むうちに胸が苦しくなってきたのです。それは、例えばこういう事実でした。第七普通科連隊が神戸市長田《ながた》区内で活動中に初老の人が「ここに妻が埋まっています。掘っていただけないか」と申し出があり、隊員が作業をしたら、遺体が現れたというのです。倒壊した家屋の中に取り残された妻を助け出そうとしたら、大きな梁《はり》が妻の片足の上に落ちてきたが、どうしてもその梁を動かせない。しかし、火が迫っていて、その辺で目に入った鉈《なた》か何かで妻の片足を叩き切り、気絶した妻を背負って必死に逃げかかったが、火に囲まれ、自分も力尽きて背の妻を置いたまま火から逃げたということだったようです。

「騙し討ち」の責任を追及せず

ここで、思考を強いられるのは、関西大震災発生の朝の防衛庁防衛局の課長会議で自衛隊法に基づいたかのような自衛隊自主出動反対論が出たら、自主出動が可能な規定はないのか、あるいは自主出動を可能にさせる条文解釈の余地はないのかと、すぐその検討がなぜなされなかったのか、防衛庁長官はなぜそれを指示をしなかったのか、ということです。言えることは、いま何をしなければならないのか、そこを追求するという知力が、一九四一年十二月七日（ワシントン時間）の在米日本大使館の上級外務官僚にも一九九五年一月十七日朝の東京都内のこの場合は防衛庁の長官（文民）、関係官僚（文民）にも欠けていたということです。その能力が必要な任務を負っていながら、これら政治家、官僚らはやはり、その職場で単に胡坐《あぐら》をかいているだけの徒食者だったのです。

一九四一年十二月七日（ワシントン時間）の在米日本大使館については、くどいようですが、なお繰り返し疑問を投げざるをえません。答え得る当時の生き証人はいなくてもです。一九四五年八月六日と九日の日本への二発の原子爆弾投下は、あの真珠湾騙し討ちの復《ふく》讐《しゅう》とさえ米側では巷間言われているようでもあるからです。

暗号を解読し終えている英文の対米覚書のタイプライターでの清書に早く取り掛かるよう、大使の野村吉三郎はなぜ館内に命じなかったのか、そしてタイプ打ちが間に合わなかったらなぜ、それこそ米国務長官のハルに『ハル回顧録』で呆《あき》れられるまでもなく、出来上がっている分だけでも持って大使の野村と特派大使の来栖三郎は国務省に急行しなかったのか。結論部分は先に打ち終わっていたなら、それだけでも持って行けばいいし、結論部分にはまだ手を付けていなかったら、その内容は口頭で伝えればいい。あるいは、理由を述べてとりあえずは電話で話してもいい。ともかく対米覚書の趣旨を所定の時刻にハルの耳に入れさえすれば、騙し討ちではないと日本側も主張できるでしょう。タイプ清書が終わるのを待っていたら本省指定の時刻に間に合わないと分かった時点で、なぜ次善の策を取る判断ができなかったのか。急派の大使とか、あるいは参事官とか一等書記官とかの誰もなぜ、海軍出身で要領が分からないのかもしれない大使に次善の策を強く進言しなかったのか。

それだけではありません。この関係者が翌年夏、交換船で帰国した際、なぜ東條英機首相は、そして、間もなく東郷茂徳に代わって外相になった重光葵《しげみつまもる》は査問組織を作って事実関係を調べ上げ、責任の重い者を厳重処分しなかったのでしょうか。問題を日本側がうやむやにしてしまったのでは、米側に、やはり騙し討ちだったのだと思わせてしまうだけではなかったでしょうか。これについては東條首相の責任も重いでしょう。日本の官僚組織というものが、いかにだらけたお粗末なものであるかを示す象徴的な事件ではなかったかと思います。なにぶん、処罰どころか、大使の野村をはじめ、責任の重かった大使館員らが戦後、それぞれ要職に出世しているのです（海軍出身の野村は自民党の参議院議員になった）。

日本とはなんなのでしょうか。

顕彰すべきは「岩瀬忠震」である

ところで、東京都千代田区霞が関の外務省の敷地には明治期の陸奥宗光《むつむねみつ》（一八四四〜九七年）の銅像が立っています。そもそも銅像というものは明治期以降の産物なのではないのかと思うのですが、それはそうとして、本気で外務省が敷地に先人を称える銅像を立てたいのなら、それは明治期の陸奥宗光ではなく幕末の幕臣岩瀬忠震《いわせただなり》（一八一八〜六一年）ではないかと思います。

この人物こそ、黒船襲来後の米国のタウンゼンド・ハリス総領事と日米修好通商条約を結び、さらにオランダ、ロシア、イギリス、フランスとの同様の交渉も実らせたのです。まさに岩瀬は、日本を世界場裡に名実ともに参入させた第一の功績者であり、先覚者でした。しかし、第十四代将軍を誰にするかの問題で彦根藩主で大老の井伊直弼《いいなおすけ》と対立したことから、大老井伊によって禄《ろく》を奪われ、永蟄居《えいちっきょ》の懲戒処分を受け、さらに病床に伏し、四十四歳の若さで他界しましたが、そうした迫害をした大老井伊にして岩瀬の開国業績は高く評価しました。その大老の心境は『岩瀬肥後守《ひごのかみ》忠震とその手記』（京口元吉著）の中で、栗本鋤雲《じょううん》の遺稿を引用して、こう言及されています。

「大老曾《かつ》て云ふ、岩瀬輩《はい》、軽賤の身を以《もっ》て、柱石たる我々を閣《さしお》き、恣《ほしいまま》に将軍儲《ちょ》副の儀を圖《はか》る。其罪《そのつみ》の悪《にく》む可《べ》き、大逆無道を以て論ずるに足れり。然《しか》るを、身首その所を殊《こと》にするに（打ち首に）至らざるを得るは、彼《か》れその日本國の平安を謀る（略）勞、没すべからざる有るを以て、非常の寛典を與へられたるなり。……と」（振り仮名はほとんど、括弧内も長谷川）

安政の大獄で次々と死罪を出した大老井伊に「平安を謀る（略）勞、没すべからざる有る」とまで言わしめたのが岩瀬でした。

後に、明治新政府の遣米欧使節団がアメリカで元米総領事ハリスを訪ねた際、ハリスは、岩瀬によって自身が書き記した日米修好通商条約の草案が原文が消えてしまうくらい書き直された事実を明かし、岩瀬を絶賛したようです。

日米間の自由貿易を定めた一八五八年（安政五年）の日米修好通商条約十四カ条は、その第三条の中でこううたっています。

「双方の国人品物を売買すること、総て障《さわ》りなく、其払方《そのはらいかた》等に付《つい》ては、日本役人これ

に立ち会わず、諸日本人亜米利加《アメリカ》人より得たる品物を売買し惑《あるい》は所持する、倶《とも》に妨《さまたげ》なし」（振り仮名は長谷川）

まさに自由貿易の大道を日本がアメリカと約定し、世界市場に日本が入ったこれが起点でした。頑迷《がんめい》固陋《ころう》の塊《かたまり》のように見られている大老井伊ですが、何が世の中の普遍のあり方かは洞察し得る知力を持った人物で、その世界へ日本を繋げた岩瀬の偉さを、別の問題では断固処分しながらも認めていたのでしょう。本書の「おわりに」でなぜ、幕末の岩瀬忠震を取り上げたのかと申しますと、この人物は、世界の道理と、いま何が最優先でなされなければならないかが分かる傑物だったと思わざるをえないからです。

岩瀬が誕生させた日米修好通商条約は治外法権を含む不平等条約であるとの非難が明治期に入って高まり、条約改正がこの時期の一つの大きな政治課題となりました。不平等条約と叫ばれると聞こえはよろしくありませんが、とんでもありません。

治外法権とは、アメリカ人が日本で例えば日本人に対して危害を加えるなどの法を犯しても、アメリカ側がアメリカ法により裁くというもので、確かにこれは日米修好通商条約第六条に入っています。しかし、当時の日本の「公事方御定書《くじかたおさだめがき》」、つまり刑事法典を見てみましょう。日本の死刑は、斬首されるだけの「下手人《げしゅにん》」は軽い方で、「鋸挽《のこぎりびき》」、「磔《はりつけ》」、火あぶりの「火罪《かざい》」、斬首された首をさらす「獄門《ごくもん》」と、このような非道きわまりない処刑方法が実際に実行されていました。こんな死刑を全く別の法治下にいた人間に加えるような条約を作ることは一つの残虐で許されるべきではないし、大切なことは、こんな問題を巡って日本と各列国が争い、自由貿易を約束し合う肝心な条約の締結を遅らせたり不可能にしてはいけない、と岩瀬は考えたのです。これこそ道理にかなった判断と私は思います。

先に陸奥宗光の銅像が日本外務省の敷地にあると書きました。陸奥は明治期に外相もやり条約改正に努めたからなのでしょうが、その陸奥は、荒野、密林に開かれた道路の一部の単なる舗装者でしかありません。そして「公事方御定書」のようなものはもうない時代なのです。猛獣や大蛇が出没する未開の地に幾つも道路を通し抜いたのは岩瀬で陸奥ではありません。外務省は陸奥ではなく岩瀬の銅像を立てるべきであったと先に記したのは、こういう理由からです。

申したいのは、岩瀬は世界の道理が見抜けた（自由貿易条約を作った）、そして何をなすべきかの優先順位が分かっていた（必要なのは条約であって、不平等だからとその締結を止めはしなかった）、ということです。

岩瀬忠震のことを私は、旧幕臣・田辺太一著の『幕末外交談1、2』(平凡社東洋文庫、坂田精一訳・校注、一九六六年版)や『橋本佐内宛岩瀬忠震書簡注解』(岩瀬忠震書簡研究会著)、『岩瀬肥後守忠震とその手記』で勉強しました。本書を閉じるに当たってある仮想を許していただきたく思います。

岩瀬が一九四一年十二月に日本の首相であったら、ハル・ノートを拒否して対米英開戦もしないし、ハル・ノートについての再交渉も米側に求めないでしょう。黙って支那大陸から、とりあえずは治安が安定している所に絞って駐屯各師団の中から目立たないように単数ないし複数の連隊の満洲への移動、ないし内地への帰還を実施し、ある兵力量に達したら、それを自主的行動として世界に発表し、治安状況を見つつ撤兵を順次拡大し、支那大陸から全兵力を撤収すると宣言したでしょう。危険が発生しそうなら居留民の総引き揚げを断行したでしょう。

それでもアメリカが日本への石油禁輸、在米日本資産の凍結などを続行するのであれば、国家の生存のためと宣言して、相当の海軍力と陸軍力を西進させ、中東の産油地帯の確保を図るでしょう。その場合も日本から米英に宣戦はせず、イスラム地帯のアラブ、イランの諸国へ協力を呼び掛けるのではないでしょうか。中東のおそらく全地域は日本のために立ち上がったと思います。

岩瀬が一九四一年十二月七日（ワシントン時間）に在米日本大使館の然るべき立場にいたら、タイプ清書の出来上がっているものだけでも持って、本国指定の時刻に間に合うように米国務省に急行したでしょう。その前に結論部分のタイプ打ちだけは済まさせ、その部分のみでも国務長官ハルに見せるようにしたでしょう。

岩瀬が一九八五年に日本の外交責任者であったら、ゴルバチョフのソ連共産党書記長就任と同時に水面下で北方四島の返還交渉をゴルバチョフ本人かその周辺と始めたでしょう。全千島列島、とくにその中の北方四島は大昔からの日本固有の領土です。

一九九五年一月十七日に岩瀬が日本の首相だったら、阪神地区でいかなる反自衛隊の行動が自治体の労働組合などから起きようと、自衛隊を即刻非常出動させ、人命救助に当たらせたでしょう。自衛隊法によってもそれは可能でしたし、そもそも、それが不可能であっても何らかの解釈、哲学を行い、それを断行したでしょう。災害に際して人命より法が優先することはありえないと判断したでしょう。

一八五〇年代、いつ攘夷の薩摩・長州側によって斬り殺されるかも分からない日々の中で、日本開国の実を一つ一つ挙げていった人物です。少なくとも昭和前半期に、そして、その後も、いや、いま現在も岩瀬が日本にいなかったことがただただ惜しまれます。

最後に、事実関係などについて厳密に点検くだされ、貴重な指摘をいただきましたワックの仙頭寿顕書籍編集長に厚く感謝申し上げます。

二〇一八年初冬

長谷川熙

参考資料・文献一覧

本文中に記載されているものは、若干を除いて省く。新聞、雑誌、事典、人名録類も省く。掲載はおおむね出版年順。

●石川信吾著『真珠湾までの経緯――開戦の真相』（一九六〇年、時事通信社）
●富田健治著『敗戦日本の内側―近衛公の思い出―』（一九六二年、古今書院）
●C・W・ニミッツ、E・B・ポッター著、実松譲・富永謙吾訳『ニミッツの太平洋海戦史』（一九六二年、恒文社）
●ダグラス・マッカーサー著、津島一夫訳『マッカーサー回想記』下（一九六四年朝日新聞社）
●佐藤尚武著『回顧八十年』（一九六四年、時事通信社）
●佐藤賢了著『大東亜戦争回顧録』（一九六六年、徳間書店）

●参謀本部編『杉山メモ―大本営・政府連絡会議等筆記』(一九六七年、原書房)
●実松譲・臼井勝美・稲葉正夫・富永健吾編『現代史資料 太平洋戦争1～5』(一九六八～七五年、みすず書房)
●池田純久著『日本の曲がり角』(一九六八年、千城出版)
●矢部貞治著『矢部貞治日記 銀杏の巻』(一九七四年、読売新聞社)
●黒羽茂著『諜報と歴史』(一九七七年、南窓社)
●髙木惣吉写稿、実松譲編『海軍大将米内光政覚書』(一九七八年、光人社)
●細川護貞著『細川日記』上下(一九七九年、中公文庫)
●伊藤隆、塩崎弘明編『井川忠雄 日米交渉資料』(一九八二年、山川出版社＝近代日本史料選書5)
●風見章著『近衛内閣』(一九八二年、中公文庫)
●土井章など大東文化大学の研究者五人の編著『昭和社会経済史料集成』第六巻 海軍省資料〈6〉(一九八三年、大東文化大学東洋研究所)
●緒方竹虎著『一軍人の生涯 提督・米内光政』(一九八三年、光和堂)
●若槻礼次郎著『明治・大正・昭和政界秘史――古風庵回顧録――』(一九八三年、講談社学術文庫)

●東京裁判研究会共同研究『パル判決書』上下（一九八四年、講談社学術文庫）
●犬養健著『揚子江は今も流れている』（一九八四年、中公文庫）
●吉川猛夫著『真珠湾スパイの回想』（一九八五年、朝日ソノラマ）
●東郷茂徳著『時代の一面―東郷茂徳外交手記―』（一九八五年、原書房）
●田中新一著『作戦部長、東條ヲ罵倒ス』（一九八六年、芙蓉書房）
●日本国際政治学会太平洋戦争原因研究部編著全八冊『太平洋戦争への道』1～7、別巻資料編（新装版一九八七～一九八八年、朝日新聞社）
●細川護貞・光岡明・内田健三著『細川護貞座談』（一九九〇年、中公文庫）
●編集・発行　藤村義朗先生追憶集出版編集委員会『追憶　藤村義朗先生』（一九九三年）
●クリストファー・アンドルー、オレグ・ゴルジェフスキー著、福島正光訳『ＫＧＢの内幕』下（一九九三年、文藝春秋）
●東郷茂彦著『祖父東郷茂徳の生涯』（一九九三年、文藝春秋）
●荒木義修著『占領期における共産主義運動』（一九九三年、芦書房）
●軍事史学会編『軍事史学』通巻九九・一〇〇号、一二一・一二二号、一三〇・一三一号（錦正社）
●風間道太郎著『尾崎秀実伝』（改装版一九九五年、法政大学出版局）

●ヘレン・ミアーズ著、伊藤延司訳『アメリカの鏡・日本』(一九九五年、アイネックス)
●小堀桂一郎編『東京裁判　日本の弁明』(一九九五年、講談社学術文庫)
●野口悠紀雄著『一九四〇年体制』(一九九五年、東洋経済新報社)
●実松譲著『随想録』(二)(一九九五年、個人的記録)
●堀栄三著『大本営参謀の情報戦記』(一九九六年、文春文庫)
●A・C・ウェデマイアー著、妹尾作太男訳『第二次大戦に勝者なし』上下(一九九七年、講談社学術文庫)
●ルディ・カウスブルック著、近藤紀子訳『西欧の植民地喪失と日本　オランダ領東インドの消滅と日本軍抑留所』(一九九八年、草思社)
●鈴木輝二著『東方ユダヤ(アシケナージ)系社会科学者と反ユダヤ主義』(東海法学第二十四号、二〇〇〇年七月三十日付)
●リデル・ハート著、上村達雄訳『第二次世界大戦』上(一九九九年、中央公論新社)
●三宅正樹編著『ベルリン・ウィーン・東京　20世紀前半の中欧と東アジア』(一九九九年、論創社)
●ハーヴェイ・クレア、ジョン・アール・ヘインズ、F・I・フィルソフ著、渡辺雅男、岡本和彦訳『アメリカ共産党とコミンテルン　地下活動の記録』(二〇〇〇年、五月書房)

●高田万亀子著『米内光政と昭和海軍の選択』(Ⅰ〜Ⅳ、政治経済史学第四六四〜四六七号、二〇〇五年四月〜七月)
●長谷川熙著『アメリカに問う大東亜戦争の責任』(二〇〇七年、朝日新書)
●萩原延壽著『東郷茂徳』(二〇〇八年、朝日新聞社＝萩原延壽集4)
●実松譲著『日米情報戦』(二〇〇九年、光人社)
●戸高一成編『[証言録]海軍反省会』全十一巻(二〇〇九〜二〇一八年、PHP研究所)
●淵田美津雄／中田整一著『真珠湾攻撃総隊長の回想　淵田美津雄自叙伝』(二〇〇七年、講談社)
●山本智之著『日本陸軍戦争終結過程の研究』(二〇一〇年、芙蓉書房出版)
●ジョン・アール・ヘインズ、ハーヴェイ・クレア著、中西輝政監訳『ヴェノナ　解読されたソ連の暗号とスパイ活動』(二〇一〇年、PHP研究所)
●防衛省防衛研究所編集・発行『太平洋戦争と枢軸国の戦略―ドイツを中心に』(二〇一一年、平成22年度戦争史研究国際フォーラム報告書)
●三宅正樹・石津朋之・新谷卓・中島浩貴編『ドイツ史と戦争――と「軍事史」と「戦争史」』(二〇一一年、彩流社)
●チャールズ・オースティン・ビーアド著、開米潤監訳、阿部直哉、丸茂恭子訳『ルーズ

ベルトの責任　日米戦争はなぜ始まったか』下（二〇一二年、藤原書店）

●三宅正樹、庄司潤一郎、石津朋之、山本文史編著全三冊『検証 太平洋戦争とその戦略 1総力戦の時代　2戦争と外交・同盟戦略　3日本と連合国の戦略比較』（二〇一三年、中央公論新社）

●三宅正樹著『近代ユーラシア外交史　日露独中の接近と抗争』（二〇一五年、千倉書房）

●新谷卓著『終戦と近衛上奏文――アジア・太平洋戦争と共産主義陰謀説』（二〇一六年、彩流社）

●岩井秀一郎著『多田駿伝』（二〇一七年、小学館）

●林千勝著『近衛文麿　野望と挫折』（二〇一七年、ワック）

●GERHARD KREBS "*JAPANS DEUTSCHLANDPOLITIK 1935-1941. Eine Studie zur Vorgeschichte des Pazifschen Krieges*" Bd.I. II (1984, Gesellschaft für Natur-und Völkerkunde Ostasiens e.V.)

●ERNST NOLTE "*Der europäische Bürgerkrieg 1917-1945　Nationalsozialismus und Bolschewismus*" (1987, Verlag Ullstein GmbH)

●NORBERT FREI "*Der Führerstaat Nationalsozialistische Herrschaft 1933 bis1945*" (1987, Deutscher Taschenbuch Verlag GmbH)

●BERNARD WASSERSTEIN "*SECRET WAR IN SHANGHAI AN UNTOLD STORY OF*

ESPIONAGE, INTRIGUE, AND TREASON IN WORLD WAR II " (1999, HOUGHTON MIFFLIN COMPANY)

長谷川 煕（はせがわ・ひろし）
1933年、東京生まれ。慶應義塾大学文学部哲学科哲学専攻卒。1961年に朝日新聞社入社。88年初めまで経済部など新聞の部門で取材、執筆し、次いで、創刊の週刊誌『AERA』に異動。93年に定年退社したが、その後もフリーの社外筆者などとして『AERA』を舞台に取材、執筆を2014年8月末まで続ける。
1990年前後に、歴史的な転換をしつつあった東西ドイツなど中東欧諸国、旧ソ連内の各地、また北朝鮮に接する中国の延辺朝鮮族自治州などを取材した。
著書に『こんな朝日新聞に誰がした』（共著）『偽りの報道――冤罪「モリ・カケ」事件と朝日新聞』『崩壊　朝日新聞』（以上、ワック）、『コメ国家黒書』『松岡利勝と「美しい日本」』『アメリカに問う大東亜戦争の責任』（以上、朝日新聞社）、『新幹線に乗れない』（築地書館）などがある。

自壊《じかい》――ルーズベルトに翻弄《ほんろう》された日本《にほん》

2018年12月7日　初版発行

著　者　長谷川 煕

発行者　鈴木　隆一

発行所　ワック株式会社
東京都千代田区五番町4-5　五番町コスモビル　〒102-0076
電話　03-5226-7622
http://web-wac.co.jp/

印刷人　北島　義俊

印刷製本　大日本印刷株式会社

ISBN978-4-89831-477-7

好評既刊

近衛文麿　野望と挫折

林　千勝

近衛文麿は、単なるポピュリストに非ず！　自殺ではなく実は謀殺！　復権を試みた近衛だが、彼のシナリオは思わぬところで破綻。渾身のノンフィクション大作。現代史を覆す、決定的真実に迫る！　本体価格二三〇〇円

アジアの覇者は誰か
習近平か、いやトランプと安倍だ！

宮崎正弘・石平　B-281

中国経済は未曽有の危機に直面している。米中貿易戦争で「時限爆弾」のボタンが押された。高関税はまだ序の口、米中関係は百年の戦いになるだろう。
ワックBUNKO　本体価格九二〇円

馬渕睦夫が読み解く
2019年世界の真実
いま世界の秩序が大変動する

馬渕睦夫　B-277

米朝会談後の世界はこうなる！　金正恩は屈服した。そして、グローバリズムから新しいナショナリズムの時代がやってくる。操られたフェイクニュースに騙されるな！
ワックBUNKO　本体価格九二〇円

http://web-wac.co.jp/

好評既刊

学はあってもバカはバカ

川村二郎

B-275

著者は、元週刊朝日編集長。古巣（朝日）にいた「学のあるバカ」をはじめ、高級官僚、政治家の中で増殖し続ける、その手合いを徹底論難。彼らに国や会社を滅ぼされてなるものか！　ワックBUNKO　本体価格九二〇円

「文系バカ」が、日本をダメにする

なれど〝数学バカ〟が国難を救うか

髙橋洋一

B-274

「文系バカ」にならず「数学バカ」になるには？先ず、「新聞・テレビ」に不要に接しないこと！そして、この本に書かれている「AI型知的生活」を実践しよう。　ワックBUNKO　本体価格九二〇円

日本アホバカ勘違い列伝

北岡俊明

B-283

新聞記者のエリート意識も勘違いの最たるもの。寒風の中、新聞配達をしてその苦労を経験したらいかが？　そんな勘違いだらけのアホバカを徹底的に論難。痛快丸かじりの一冊。　ワックBUNKO　本体価格九二〇円

http://web-wac.co.jp/